박수기정 관점

정드리문학 제11집

문학과사람 기획시조선 003

박수기정 관점
문학과사람 기획시조선 003

발 행 일 | 2023년 6월 25일

엮 은 이 | 양시연
펴 낸 이 | 김광기
펴 낸 곳 | 문학과 사람
등록번호 | 제2016-9호
등록일자 | 2016년 7월 22일
주   소 | 경기도 시흥시 하상로 36 금호타운 301-203
         서울시 마포구 성미산로 1길 30, 2층
전   화 | 031) 253-2575
전자우편 | poetbooks@naver.com
홈페이지 | http://cafe.daum.net/yadan21

ISBN 979-11-90574-82-2 03810

값 10,000원

* 이 책은 제주특별자치도와 제주문화예술재단의 2023년도 생활문화예술 활동 지원사업의 후원을 받아 발간되었습니다.
* 이 책은 전부 또는 일부 내용을 재사용하려면 저자와 '문학과 사람'의 동의를 받아야 합니다.
* 이 도서의 국립중앙도서관 출판도서목록은 서지정보유통지원시스템 홈페이지(http://seoji.nl.go.kr)와 국가자료공동목록시스템(http://www.nl.go.kr/kolisnet)에서 이용하실 수 있습니다.
* 이 시집은 교보문고와 연계하여 전자책으로도 출간됩니다.

박수기정 관점

정드리문학 제11집

* 본문에서 페이지가 바뀌며 연 구분 공간이 있을 때에는 〉 표기를 합니다.

■ 머리말

쑥도 바닷가 쑥이
더 효험이 있다고 합니다.
바닷가에서 20년 자란 정드리가
이제 또 하나의 발돋움을 시작하려고 합니다.
두렵고 설렙니다.

정드리문학회장 양시연

■□ 차례 / 정드리문학 제11집

■ 오승철 시인 추모 특집

시인 떠난 한라산에 경례 _ 김양희 – 20
오호통재라, 오승철 시인이시여! _ 이정환 – 26
승철이성 셔? _ 변종태 – 30
그 말 _ 우은숙 – 32
이쿠노아리랑(87) _ 김길호 – 33
수원과의 인연,
제주 오승철 시인이 떠났다 _ 김우영 – 40
별리의 제주 바다 _ 김승종 – 45

□ 오승철 시인의 주요 수상작
오키나와의 화살표 외 5편 _ 오승철 – 50

□ 오승철 시인 연보 – 58

■ 정드리문학 작품

고추잠자리 22 외 4편 _ 오승철 – 66

별천지 외 4편 _ 문순자 - 71
고사리 꺾는 날 외 4편 _ 조영자 - 76
어머니의 가을 외 2편 _ 강현수 - 81
발가락 군의 소식을 듣다 외 4편 _ 김영순 - 84
폭포 속으로 1 외 4편 _ 안창흡 - 89
블루노트 외 4편 _ 이명숙 - 94
지금 이 속도가 좋다 외 4편 _ 김양희 - 102
시 외 4편 _ 오창래 - 107
산방산 외 4편 _ 고해자 - 112
소원 외 4편 _ 윤행순 - 117
송강 은배 외 4편 _ 양시연 - 122
화산도 곶자왈 외 4편 _ 오순금 - 127
마늘쫑 외 4편 _ 오은기 - 132
위치 추적기 외 4편 _ 이미순 - 137

■ 시 속의 이야기를 찾아서 / 조영자 - 142

■ 제주를 노래한 시조

고두심 _ 박기섭 - 148
하례포구의 저녁 _ 이정환 - 150

사려니숲 _ 우은숙 - 151
섬의 섬 _ 이숙경 - 152
제비 _ 이태순 - 153
봉봉, 한라봉 _ 변현상 - 154
그리운 제주도 풍경 _ 정희경 - 155
사라오름 _ 조 안 - 156
여인들의 섬, 지귀도 _ 용창선 - 157
순례길 _ 정지윤 - 158
불란지 _ 양희영 - 159

■ 정드리 창에 비친 좋은 시조 10선

여백 _ 정수자 - 162
시래기의 힘 _ 우은숙 - 164
소금쟁이 _ 이애자 - 167
이상기후 _ 이송희 - 169
줌인(Zoom In) _ 한분옥 - 172
기왕 _ 김수환 - 174
결 _ 공화순 - 176
봄눈, 밤눈 _ 이토록 - 178
별빛의 말 _ 김태경 - 180

동문아리랑 1 _ 김현진 - 183

■ 정드리 창에 비친 시조 10선 해설

사람과 사랑을 버티는 새벽 너머,
오고야 말 봄빛 리허설 _ 이명숙 - 185

■ 오승철의 시 읽기

풍경을 보는 시선, 나를 찾는 여정(旅程)
_ 허상문 - 199

■ 편집후기 - 218

■ 부록 _ 창간호~10집 총 목차 - 220

■ 오승철 詩人 영결식

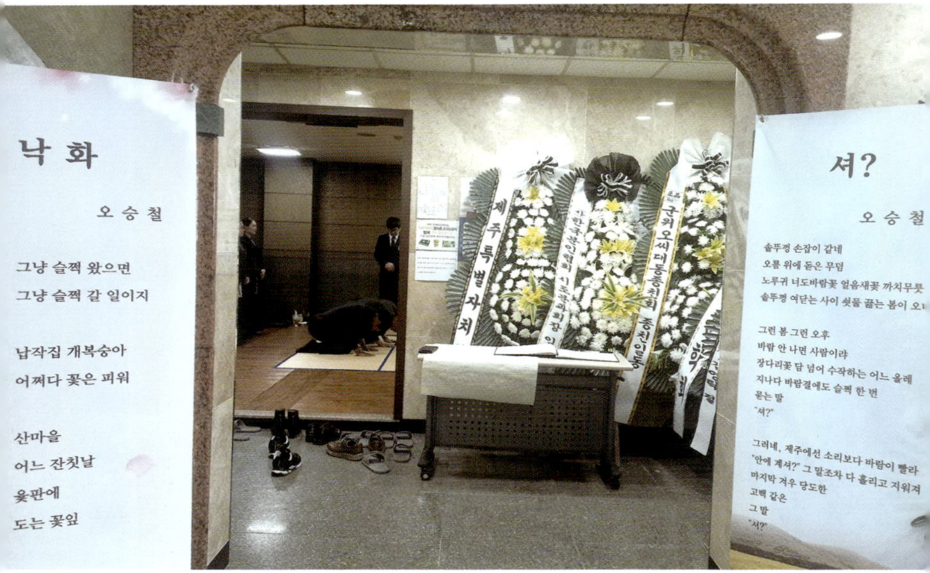

낙 화

　　　　오 승 철

그냥 슬쩍 왔으면
그냥 슬쩍 갈 일이지

납작집 개복숭아
어쩌다 꽃은 피워

산마을
어느 잔칫날
옷판에
도는 꽃잎

셔?

　　　　오 승 철

솥뚜껑 손잡이 같네
오름 위에 돋은 무덤
노루귀 너도바람꽃 얼음새꽃 까치무릇
솥두껑 여닫는 사이 셋을 끌는 봄이 오네

그런 봄 그런 오후
바람 안 나면 사람이랴
장다리꽃 담 넘어 수작하는 어느 올레
지나다 바람결에도 슬쩍 한 번
묻는 말
"셔?"

그러네, 제주에선 소리보다 바람이 빨라
"안에 계셔?" 그 말조차 다 흘리고 지워지고
마지막 겨우 당도한
고백 같은
그 말
"셔?"

부민장례식장 빈소 입구

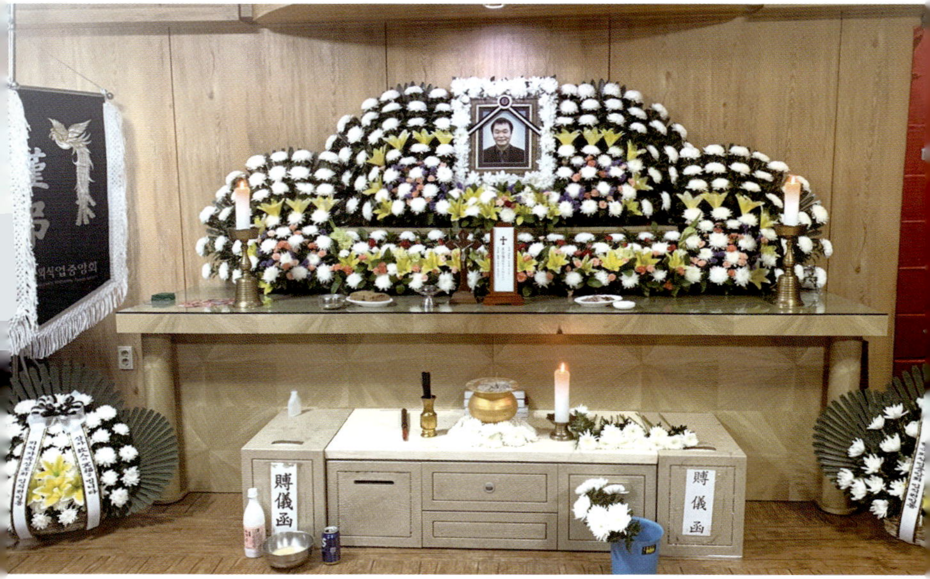

부민장례식장 빈소

발인 시간

제주문학관 영결식장

영결식장에 모인 추모객

무용가의 살풀이춤

이정환 한국시조시인협회 이사장의 추모시 낭독

신제주성당 장례미사

신제주성당 장례미사

서귀포 칠십리 시공원 노제

서귀포 칠십리 시공원 노제

위미리 선영 하관 모습

말끔히 단장한 봉분

고인의 혼백을 달래는 지전춤

■ 오승철 시인 추모 특집

시인 떠난 한라산에 경례 _ 김양희

오호통재라, 오승철 시인이시여! _ 이정환

승철이성 셔? _ 변종태

그 말 _ 우은숙

이쿠노아리랑(87) _ 김길호

수원과의 인연,
제주 오승철 시인이 떠났다 _ 김우영

별리의 제주 바다 _ 김승종

□ 오승철 시인의 주요 수상작

오키나와의 화살표 외 5편 _ 오승철

□ 오승철 시인 연보

시인 떠난 한라산에 경례 _ 김양희

5월 19일

　눈을 감아도 시조가 떠다니고 눈을 떠도 시조가 떠다니다던 오승철 선생님이 5월 19일 6시 시조 쓰기를 멈추었습니다. 67년 중 43년 시조를 살았으니 길었을까 짧은 시간이었을까 가늠하다 그만두었습니다. 길면 어떻고 짧으면 어떤가, 여기서 살다 가노라는 자취만 남기고 온몸을 고스란히 거둬 떠나버렸으니. 서둘러 항공권을 예매하고 우두커니 하루를 보냈습니다. 장례는 제주문인협회·서귀포문인협회장으로 거행한다고 했습니다.

5월 20일

　제주행 기내에서 선생님께 받은 마지막 문자메시지를 찾아보았습니다. 2023년 3월 12일 '○○○시인 잘 지내고 계시지요. 언제 제주에서 한 번 뵙도록 해요. 오승철'

　제주공항에 도착, 문순자 시인을 만나 여행 가방을 든 채 부민장례식장으로 갔습니다. 3시 입관에 함께 참석하자는 말씀에 바로 장례식장으로 향한 것입니다. 그곳에는 벌써 조문객으로 꽉 차 있었습니다. 선생님이 생전 어떻게 살았는지 말해주고 있었습니다.

입관은 가족, 친지, 지인들이 지켜보는 가운데 엄숙하게 진행되었습니다. 수의를 입히는 장의사의 손놀림은 정성스러웠습니다. 마지막 입힌 도포의 깃, 도련, 수구에 두른 옥색 선이 유난히 시렸습니다. 보얗게 화장한 선생님의 얼굴은 그지없이 편안해 보였습니다. 한 시간여 내내 상주, 친지들의 어깨는 들먹이다 가라앉기를 반복했습니다. 어린 손녀의 맑은 울음소리가 어찌나 슬프게 들리던지요. 가족들은 남편, 아버지에게 '고맙수다예', '고마웠수다'로 작별 인사를 했습니다. 머리맡에 마지막까지 쓰던 모자를 넣었습니다. 눈물이 관 뚜껑을 닫았습니다.

입관 후 조문이 시작되었습니다. 그제야 영정을 보았습니다. 평소대로 소년 같은 미소가 번지고 있었습니다. 세상을 떠나면서 남긴 시조와 사진 속의 미소.

5월 21일

일포제에 맞추어 상가엘 갔습니다. '일포'는 제주도에서 장사를 지내기 전에 문상객을 받는 출상하기 전날을 가리킵니다. 제주 사람들은 가정의례 중 장례를 가장 큰 행사로 여깁니다. 돼지고기, 두부, 순대와 몸국을 마련하여 융숭히 대접합니다.

일포에는 어제보다 많은 조문객이 선생님을 추억하며 애도하고 있었습니다. 강중훈 장례위원장과 윤봉택 전 서귀포 예총회장, 안정업 제주문인협회 부회장, 정영자 서귀포 문인협회 회장은 문인협회장에 차질이 없도록 진두지휘하느라 분주했습니다. 정드리 회원 양시연, 문순자, 조영자, 윤행순, 김영순, 강현수, 오창래, 안창흡, 오은기, 이미순, 오순금 시인 등은 상가 안내, 육지에서 오는 조문객을 위해 공항을 오가고 숙소를 마련하는 등 큰 슬픔을 당한 상주를 대신하여 불편함이 없도록 동분서주하고 있었습니다.

그동안 코로나19로 만나지 못하던 지인들의 상봉 장소를 마련해 준 걸까요. 오랜만에 만나도 오가는 정은 변함없는데 그 자리를 주선한 선생님만 없었습니다. 영정에 절하고 절을 받는 자리. 슬픔에 휩싸인 상주들을 만나니 막내 따님 결혼식에서 '세 남매를 두었는데 오늘로 완판했다'고 기뻐하던 선생님의 모습이 떠올라 먹먹함이 더해졌습니다. 조문객들도 쉽사리 자리를 뜨지 못하고 멀리 한라산을 바라보곤 했습니다.

5월 22일

아침 발인제를 지내고 7시 30분 영구차는 선생님을 모시고 제주문학관에 도착했습니다. 영결식은 제주문인협회·서귀포문인협회장으로 거행되었습니다. 준비를 마친 단상에 영정을 올리고 본식에 앞서 살풀이춤으로 선생님의 넋을 위무했습니다. 묵념으로 시작한 영결식은 오영훈 제주도지사의 표창장 수여, 고연숙 수석부회장의 약력 소개, 강중훈 위원장의 '높은음자리로 우는 대나무' 고별사, 한국시조시인협회 이정환 이사장의 '오호통재라' 조시, 강문신 시인의 '승철아 당당하게 떠나거라' 추도사, 조영자 시인의 '셔' 낭송, 상주 대표 오한솔님의 감사 인사, 헌화, 참담하고 안타까운 마음이 정적으로 흘렀습니다. 카메라 셔터 소리가 정지된 시간이 아님을 알려주었습니다.

  10시 신제주 성당에서 진행된 장례미사는 경건했습니다. 선생님과 이별의 시간을 힘겨워하지 않고 자연스럽게 놓아주려 애쓰는 마음을 보았습니다. 참석한 모두의 손끝이 하나로 모아졌습니다.

  미사를 마치고 영구차는 평화로를 달려 '서귀포 칠십리 시공원'으로 갔습니다. 가는 길목 유수암 근처에서 빗방울이 유리창을 치더니 성글게 촘촘촘을 반복하며 애도했습니다. 자연도 사람들 마음과 조응하고 있었습니다. 선생님이 그토록 좋아하던 장소이자 시비가 세워져 있는 칠십리 시공원에서 서귀포문인협회 주제로 노제를 지냈습니다. 불과 몇 달 전 시비 제막식을 함께 지켜봤는데……. 그 자리에는 선생님의 영정이 대신했습니다. 삶과 죽음의 경계란 있는 것일까요?

  영구차와 버스는 비상등을 켠 채 위미리를 향해 달렸습니다. 간간이 뿌리는 오월 비에 젖은 마음이 더 숙어졌습니다. 선영은 위미리 가족묘지. 구곡간장 돌담길을 돌고 돌아 한참 만에 도착했습니다. 그곳에는 서귀포문인협회, 정방문학동인, 수산봉문학회 회원들이 하관 준비를 마치고 선생님을 기다리고 있었습니다. 한라산이 굽어보는 자리에 비도 기다렸다는 듯이 세차게 뿌렸습니다. 이별을 슬퍼하는 것은 사람만이 아니었습니다.

관을 내리고 줄을 당겨 위치를 잡고 수평을 맞추었습니다. 보이지 않으면 잠시 슬픔도 잊게 되나 봅니다. 신부님이 첫 삽 뜬 흙을 관 귀퉁이로 밀어 넣었습니다. 상주들도 추억과 고마움을 한 삽씩 떠 넣었습니다. 이어 포클레인을 동원하여 봉분을 만드는 동안 점심을 먹었습니다. 산중에서 선생님이 차려준 마지막 밥상은 진수성찬이었습니다. 생전에 손님을 대접하던 마음 그대로였습니다. 슬픔을 잠시 잊고 대접이 융숭하다며 일상이 끼어들었습니다.

봉분이 떼를 곱게 입었습니다. 그토록 오름을 좋아하더니 오름이 되었습니다. 묘소 앞에서 묵념으로 마지막 인사를 했습니다. 다음 혼신을 다하는 무용가의 지전춤이 시작되었습니다. 혼백을 달래는 그 춤사위에 어떤 공연보다 몰입하고 있었습니다. 마치 그 춤이 모든 슬픔을 덜어 가 버리기라도 하는 것처럼 빠져들었습니다. 열정을 다하고도 박수를 받지 못하는 춤이 자리를 떠났습니다. 언제 그랬냐는 듯 하늘이 파란빛으로 쨍했습니다. 한라산 능선도 도드

라졌습니다. 그 산을 베고 누워 오름이 된 선생님을 애도하며 버스는 좁은 돌담길을 곡예 하듯 돌아 내려왔습니다.

고 오승철 선생님 장례식에 찾아와 애도해 주셔서 고맙습니다.
한국시조시인협회, 오늘의시조시인회의 회원님들이 고 오승철 시인 문화훈장 추서 서면동의에 명복을 비는 간절한 마음마저 얹어 보내주셨습니다. 고맙습니다.

삼가 고 오승철 선생님의 명복을 빕니다.

오호통재라, 오승철 시인이시여! _ 이정환
– 오승철 회장 영전에

일향 오승철 형이시여!
이 어쩐 일이십니까?
이 무슨 청천벽력입니까?
어찌하여 이리도 황망히 우리 곁을 떠나가셨는지요?
문학과 인생에 대해
유달리 포부와 꿈과 열망이 크신 형께서
그 뜻 그 비전 못다 이루신 채로
어찌 이다지도 속히 하늘 길을 가셨는지요?
저기 저 우뚝한 한라산 봉우리가 곧 무너져 내릴 듯합니다.
그토록 사랑하며 즐겨 노래하던
제주 바다물결이 울부짖으며 용솟음치고 있습니다.

하늘 물로 가득 찬 백록담이 보이십니까?
휘몰아치면서 치솟아 오르는 서귀포 바다 물결이 보이십니까?
오름들이 목 놓아 형을 외쳐 부르고 있습니다.

서귀포 푸른 바다 물결이 애절하게 형을 찾고 있습니다.
들리시는지요?
들리시는지요?

사랑하는 가족과 동료 문인, 제자들이
당신의 영전 앞에서 모두 말을 잃어버렸습니다.
언어를 송두리째 잃어버렸습니다.
머릿속이 하얗게 비어버렸습니다.

참으로 아름다운 축복의 섬나라
제주를 무한히 사랑하시고
가족들을 극진히 위하시고
시조를 목숨처럼 여겨
정드리문학회를 통해 시조에 입문하려는 이들을 이끄는 일과
시조 창작, 시조전문지 발행, 시조단체 지도자의 길에
혼신의 힘을 쏟아 부으셨지요.
형께서 남기신 빼어난 주옥편은
전설로, 귀감으로, 만구성비의 노래로
만인의 심금을 오래도록 울릴 것입니다.
만인의 입에 길이길이 오르내릴 것입니다.
그리하여 천추에 이를 것입니다.

제주도 남제주군 남원읍 위미리 1591
1976년 무렵부터 서신을 주고받던 주소지를 생생히 기억합니다.
이제 형께서는 인생과 문학의 출발지였던
사랑하는 서귀포, 서귀포 칠십리 바다와 위미동백 곁으로 돌아가서
불멸, 불사에 들었습니다.

우리 모두도 언젠가 어김없이 가야할 그 나라
먼저 가셔서 자리 잡아 놓으소서.
시조문단에서
늘 애틋하게 다가서던 모든 이들의 그리움,
모든 이들의 존경과 사랑,
선망의 중심이시던 형이시여!
이 시대 최고의 가객 일향 형이시여!
눈물로 보내드리오니
아픔이나 슬픔, 괴로움이 없는 그 나라에서
영생복락을 누리시옵소서.

사랑합니다.
일향 오승철 형이시여!
잘 가시옵소서.

잘 가시옵소서.

2023년 5월 22일

영원한 글벗 이정환 삼가

이정환
1981년 중앙일보 신춘문예 당선. 시조집 『코브라』 외 다수.
중앙시조대상, 가람시조문학상, 외솔시조문학상,
이호우시조문학상 등 수상. 한국시조시인협회 이사장.

승철이성 셔? _ 변종태

몇 번을 읊조려도 입안에 돌고 도는
계십니까 계시냐고 집안에 계시냐고
부른다 당신의 이름 아직 거기 계시냐고

당신 가시는 이렇게 좋은 봄날
울 마당에 섬초롱 하얀 불 줄줄이 켜고
울타리 힘겹게 오른 백화등이 미친 듯이 향을 흘리는데
오름 오름마다 메아리로 울리는 말
셔?

당신이 밟았던 꽃들이 꽃말들이 찬란한 꽃을 피우는 봄날
꽃향기를 물고 날아오르는 장끼 울음소리
꿩꿩 장서방은 어데를 가고
오늘 꿩꿩 오서방을 부르게 하시는가

승철이성 그디 셔?
너털웃음 웃으며 머체왓길 걸어 이승악오름 돌아드는
당신의 뒷모습 화인으로 남은 가슴

터무니 있게도 당신은 그 자리에 그 모습으로
휘적휘적 발자국을 찍으시는데

보목리 자리는 두고
위미리 동백은 두고
출렁 넘실 서귀포 바다는 어찌 두고
한라산 자락에 내린 뿌리 실뿌리 같은 인연들은 어찌 두고
허공으로 불러보는 이름 승철이성

아니 한 번도 성이라고 불러보지 못한 그 이름
오늘은 이렇게 부릅니다

승철이성, 셔?

변종태
1990년 《다층》으로 작품활동 시작.
시집 『목련봉우리로 쓰다』 『미친 닭을 위한 변명』 외 다수.

그 말 _ 우은숙

바람결에 스치듯
바다 건너 내게 온 말

목에도 명치에도
꾹꾹 눌러 새겨 쓴 말

이제는
당신께 묻는
안부의
그 말
셔?

우은숙
경희대학교 대학원 졸(문학박사), 1998년 〈동아일보〉 신춘문예 당선, 시집 『물무늬를 읽다』 『그래요, 아무도 모를 거예요』 외 출간, 평론집 『생태적 상상력의 귀환』 출간, 중앙일보시조대상 신인상, 김상옥시조문학상 수상, 한국시조시인협회 부이사장, 역류 동인

이쿠노아리랑(87) _ 김길호(재일동포 소설가)

5월 19일 아침 김순이 시인께서 오승철(67) 시조시인의 별세 소식을 이메일로 알려 주셨다. 메일을 읽는 순간 허탈감이 전신을 파고들었다. 병상에 있어서 각오는 했었지만 그 각오가 면역이 되기 전에 찾아온 충격적인 소식이었다. 코로나가 기승을 부릴 때 오승철 시인에게 생사의 갈림길을 좌우하는 병마가 엄습했다.

"한번 보고 싶습니다." 코로나 때문에 항공편이 단절되어 가지 못하고 있지만 이것이 풀리면 당장 가겠다고 위로 메일을 보냈을 때 오승철 시인의 회답이었다. 지난해부터 서울만이 아니고 제주행 항공편도 날마다 왕복 편이 있었지만, 당장 가겠다는 약속을 지키지 못하고 미루고 있었다.

지금, 허탈감과 회한이 전신을 휘감고 있다. 왜 약속대로 가서 만나지 못했는가 자문자답 속에서 이 회한은 필자의 일생에 옹이처럼 박힐 것이다. 그렇다면 장례식에라도 참가해야 되지 않겠느냐는 되물음이 화살처럼 날아올 것이다. 이 물음에 대해서도 장례식에 참가 못하는 나는 또 궁색한 변명을 늘어놓아야 하는 자기혐오 속에서 이 글을 쓰고 있다.

필자가 근무하는 사무실 가까운 곳에 '오지조상'이 있다. 한국의 성황당 같은 곳이지만 일본에는 도시 속에도 여기저기 산재해 있다.

오승철 시인이 입원했다는 소식을 들었을 때부터 오지조상 앞에 촛불을 켜고 향을 피우면서 완쾌를 기원했었다. 오승철 시인은 가톨릭 신자지만 나는 샤머니즘이라고 할지 모르는 오지조상 앞에서 빌었다.

구원을 바라는 기도의 대상이 문제가 아니라 기도하는 자신의 마음이 문제이기 때문에 나는 빌었다. 병상에 있을 때와 별세했다는 소식을 듣고 기도의 바람은 완쾌에서 명복의 기원으로 바뀌었지만 지금 내가 할 수 있는 최선의 길이라고 믿고 있다. 이러한 마음을 솔직히 오승철 시인에게 메일로 보낸 적이 있었다.

오승철 시인은 고맙다면서 나에게 마지막으로 보내온 메일이 있었다. 지난해 12월 27일 메일이었다. 나에 대한 시 두 편을 오승철 시인이 여섯 번째 시집을 내는데 게재해도 좋은지 검토해 주시기 바랍니다면서 보냈다.

일본에서 재일동포가 발행하는 통일일보 오사카 지사장이 제주, 함덕 출신으로서 필자와 아주 친했었는데 어떤 일로 크게 다퉈서 소원한 관계 속에 그는 함덕으로 돌아와서 살고 있었다. 그 선배 부부와 세화 오일 시장에서 몇 년 만에 우연히 만났다.

미로와 같은 시장 골목길에서 우리는 서로 깜짝 놀랐다. 이것을 기회로 소원했던 감정의 앙금이 자연 소멸되어 예전과 다름없이 가깝게 지내게 되었다. 그가 살고 있는 함덕집에 오승철 시인과 가게 되어서 이러한 사실을 알게 되었다. 그것을 주제로 쓴 〈어. 어. 어〉라는 시였다.

재일동포 한씨. 신씨
오사카에서 대판 싸워
거의 일 년 동안 등 돌리고 살았는데
물 건너 세화 오일장 딱 마주쳤네 어. 어. 어
— 「어. 어. 어」 전문

또 한 편은 〈이쿠노 아리랑〉이었다.

재일동포 소설가 깡다귀 김길호씨
세화장 한 켠 같은 이쿠노 쓰루하시 시장
좌판의 싸락눈 소리 오락가락 제주 사투리
— 「이쿠노 아리랑」 전문

나는 영광이라고 회답을 보낸 그 후에 소식 없이 지냈다. 오승철 시인이 지난 2월에 제주문협회장으로 취임했다는 소식에 축하보다는 무모하다는 걱정이 앞섰다. 건강하지 못한 상태에서 자신의 건강은 돌보지 않고 회장직을 맡았다는 사실에 솔직히 찬성할 수 없었다. 그렇게 세월이 지났는데 3월에 새로운 시집 〈다 떠난 바다에 경례〉가 나왔다.

언제나 새로운 시집이 나오면 바로 보내 주었었는데 이번에는 시집이 오지 않아서 코로나로 우편물이 지연되어서 그렇다고 생각하는데 충격적인 별세 소식이었다. 제주문인협회 회장직을 맡고 3개월 만이었다. 취임했을 때부터 혹시나 했지만 오승철 시인은 스스로가 굳게 각오하고 생의 마지막까지 작품 활동만이 아니고 조직면에서도 현역으로서 장렬한 전사의 길을 택했다고 필자는 믿고 있다.

시집 빨리 보내 달라면서 7월 이후에 제주에 가겠다고 지난 달 메일을 보냈는데 이것이 마지막 메일이 되고 말았다. 오승철 시인 부인이 제주시 연동에서 경영하는 〈24시 뼈다귀탕〉 가게에서 비록 그는 못 마시겠지만 같이 앉아서 막걸리를 마시면서 벽에 걸려 있는 시들을 읽을 수 있는 7월의 꿈은 영원한 미완성으로 남고 말았다.

아주 오래 전에 그 가게에 처음 갔을 때 넓은 식당의 벽에는 메뉴판만이 초라하게 걸려 있었다. 오사카에 돌아온 나는 큰 공간으로 그냥 남아 있는 가게 벽에, 제주 문인들이 쓴 시들을 걸어서 찾아오는 손님들이 읽을 수 있도록 권유했다. 잘 알았다면서도 좀처럼 걸 기색이 보이지 않았다. 나는 걸지 않으면 절대 가게에 가지 않겠다고 반협박

성의 권유를 다시 강하게 요청했다.

그 후에는 벽에다가 여러 시인의 작품을 걸고 있어서 손님들을 즐겁게 했다. 오승철 시인은 자리 요리를 좋아하는 필자에게 위미리에서 형님이 식당을 하는데 자리 요리만은 일류라고 했다. 가보지 못했지만 그 가게를 오사카에서 인터넷으로 조사해 보니 나왔다.

자리 요리 평이 좋다는 그 자랑보다 가게의 벽에 오승철 시인의 〈비양도〉 시가 걸려 있어서 필자는 흥분할 정도로 기뻤다.

제주 향토요리 전문집에 제주의 시가 걸려 있다는 그 풍경이 식문화와 어우러져 이국적이고 독특한제주 문화 향기를 발산하고 있기 때문이다. 이 글을 쓰면서 오승철씨 부인이 경영하는 가게를 오랜만에 인터넷에서 열어보았다. 벽 전부에 시가 넘쳐나고 있었다. 나 자신도 모르게 야! 하는 감탄사와 울컥하는 감동이 어우러져 튀어나왔다.

이번 제주 갔을 때, 오승철 시인의 여운이 넘치고 있을 그 가게에 가서 시를 읽으면서 독백 속에서 그와 대화를 나누리라. 언제나 잔잔한 오승철 시인의 미소는 언제나 포근함으로 주위를 품어 주었다. 그 환상을 나는 그리면서 찾아갈 것이다. 그의 많은 작품 중에서도 필자가 좋아 하는 시 한 편을 소개한다. 〈사고 싶은 노을〉이다.

제주에서 참았던 눈
일본에서 다시 온다
삽자루 괭이자루로
고향 뜬 한무리가
대판의 어느 냇둑길
황소처럼
끌고 간다.
파라, 냇둑 공사 다 끝난 땅일지라도
40여 년 〈4·3땅〉은 다 끊긴 인연일지라도
내 가슴 화석에 박힌 사투리 쩡쩡 파라

일본말 서울말보다
제주말이 더 잘 통하는
쓰루하시 저 할망들 어느 고을 태생일까
좌판에 옥돔의 눈빛 반쯤 상한 고향하늘

"송키" "송키 사압서" 낯설고 먼 하늘에
엔화 몇 장 쥐어주고
황급히 간 내 누님아
한사코
제주로 못 가는
저 노을을 사고 싶다.

― 「사고 싶은 노을」 전문

그렇게 엔화 몇 장 쥐어주고 난 누님은 일본에서 돌아가셨다. 지금쯤 오승철 시인은 만나고 있을 것이다. 두 분의 명복을 함께 비는 바이다.

한국 시조시인을 대표하는 오승철 시인은 1957년 서귀포시 남원읍 위미리 출신. 1981년 동아일보 신춘문예 〈겨울귤밭〉으로 등단. '개닦이' '누구라 종은 흘리나' '터무니 있다' '오키나와 화살표' '사람보다 서귀포가 그리울 때가 있다' '다 떠난 바다에 경례' 등이 있고, 중앙시조대상, 오늘의 시조작품상, 한국시조대상, 고산문학상, 이호우시조문학상' 등을 수상했다. 그리고 서귀포문인협회회장, 오늘의 시조시인협회 회장을 역임했다.

수원과의 인연, 제주 오승철 시인이 떠났다 _ 김우영

    19일 아침 8시쯤, 전날의 과음으로 침대에서 뭉그적거리는데 전화가 왔다. 내 오랜 친구 정수자 시인이다. 물기가 그득한 목소리였다. "오승철이 떠났어…" 말을 잘 잇지 못한다. 그날 아침 6시 30분에 영면에 들었다는 것이다.

    가슴이 덜컥 내려앉았다. 친구여, 가고 말았구나. 지난 몇 달 동안 예감이 좋지 않았다. 그래서 옛 시림(詩林) 동인들에게 연락해 제주도에서 모임을 갖자고 했었다.

    그런데 우리가 방문하기 전 부음을 먼저 듣게 된 것이다. 안타깝고 슬프다. 1957년생, 만나이로 이제 겨우 66세 밖에 되지 않았는데…

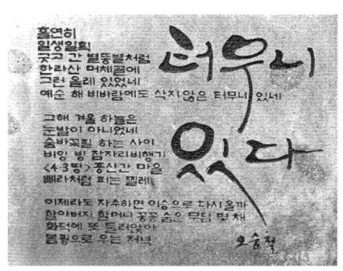

제주에는 돌에 오승철 시 '터무니 있다'가 새겨져 있다

그래서 최근 그리 열심히 시를 쓰고 제주도 문학을 위해 뛰어다녔던 것일까. 오시인은 지난해 6월 '사람보다 서귀포가 그리울 때가 있다'는 시집에 이어 올해 3월엔 '다 떠난 바다에 경례'를 펴냈다. 또 지난 2월엔 한국문인협회 제주특별자치도지회 제26대 회장으로 취임, 청년문학특별위원회, 제주어문학특별위원회 등 두 개의 특위를 설치해 그에 걸맞은 역할과 기능을 수행하고, 제주문학제를 개최해 제주문인들의 날을 만들어 나가겠다는 포부를 밝히기도 했다.

그런데 이렇게 갑작스레 우리 곁을 떠난 것이다.

오승철 시인은 제주도 서귀포시 남원읍 위미리에서 태어났다. 1981년 동아일보 신춘문예 시조부문에 '겨울귤밭'이 당선돼 등단했으며 그동안 시조집 '오키나와의 화살표' '터무니 있다' '누구라 종일 홀리나' '개닥이' '사람보다 서귀포가 그리울 때가 있다' '다 떠난 바다에 경례' 등을 펴냈다.

한국시조작품상, 이호우시조문학상, 중앙시조대상, 오늘의 시조문학상, 한국시조대상, 고산문학대상, 한국예술상, 서귀포문학상 등을 받았다. 오늘의시조시인회의 의장을 지낸 바 있다.

그의 타계로 한국 현대 시조문학을 떠받치고 있던 아름답고 든든한 기둥하나가 사라졌다.

그와 만난 때는 갓 스물의 풋풋한 문청시절인 1976년이었지만 이미 고등학교 시절부터 '학원'이란 잡지의 문예란을 통해 서로의 이름과 작품을 알고 있었다. 당시 고등학생으로서 전국적인 문명을 날리던 제주의 오승철, 부산의 최영철·조성래, 안동의 김승종, 광주의 김미구, 서울의 문창갑, 수원의 필자 등과 대구의 이정환·박기섭, 대전의 최봉섭은 '시림(詩林)동인회'에서 함께 활동했다. 노동자시인인 순천의 김해화·김기홍 등도 한때 동인으로 참여했다.

시림동인은 1975년 수원에서 출범했는데 1976년부터 전국 규모 동인회로 확대됐다. 당시 시 좀 쓴다는 전국의 문청들 사이에 '어디 사는 OOO'라고 하면 대부분 고개를 끄덕일 정도로 제법 알려진 사람들이었다.

이들은 대부분 신문의 신춘문예나 문예지 신인상, 추천 등을 통해 문단에 데뷔했는데 특히 시조를 쓰는 동인 중 이호우시조문학상을 받은 이정환은 현재 (사)한국시조시인협회 이사장을 맡고 있으며, 오승철은 오늘의시조시인회의 의장을 역임하기도 했다. 박기섭도 외솔시조문학상, 가람시조문학상, 고산문학대상 등을 수상한 시조문단의 중추다.

지난 1989년엔 '70년대 학생문단의 주역들, 詩林 그 후 10년 그들의 현주소!'라는 부제의 '그대 걸어갈 광야는 멀다'라는 동인지를 다시 펴냈다. 당시 열음사에서 일하고 있던 최영철의 노력으로 10년 만에 다시 나온 다섯 번째 동인지인 셈이다. 그 후 다시 발간하지는 못했다.

그러다가 2019년 수원에서 한차례 이른바 번개 모임을 가졌다. 제주에서 오승철이 비행기를 타고 수원으로 왔고 부산에서 최영철과 그의 부인 소설가 조명숙, 서울에서 문창갑과 김승종 , 전남 고흥에 살다가 평택으로 이주해 온 김미구도 참석했다.
이날 통닭거리에서 '수원왕갈비통닭'을 뜯으며 제주에서 다시 모임을 갖기로 하고 날짜까지 정했다. 비행기 탑승권까지 예약했지만 태풍으로 만나지 못했다.

동인 중 김기홍이 세상을 떠났고 최봉섭은 현대문학 추천을 받은 뒤 소식이 단절됐다. 게다가 오승철마저 19일 유명을 달리했다.
시조집 '다 떠난 바다에 경례'에 발문을 쓴 문학평론가 박진임의 말처럼 "오승철 시인은 제주도의 삼백여 오름을 그 누구보다도 깊이 사랑해온 시인"이다. "따라비 오름 아래 가시리에서 몸국을 먹으며 그 오름의 사계를 노래 해온 시인"이다.

일찍이 1970년대 중반 수원에서 만나 후 오랜 세월 선연(善緣)을 이어온 오승철 시인. 잘 가시라. 거기선 암 따위에 주눅 들지 말고 껄껄 웃으며 마음껏 자리물회에 한라산 소주도 마시기를.

김우영
1978년 《월간문학》 신인상 시 등단, 《시조문학》 초회 추천.
시집 『겨울 수영리에서』 『부석사 가는 길』 등

별리의 제주 바다 _ 김승종(시인, 전 연성대 교수)

둥실둥실 테왁아
둥실둥실 잘 가라
낮전에는 밭으로 낮후제는 바당밭
누대로 섬을 지켜온
그들이 퇴장한다

그만둘 때 지났다고 등 떠밀진 말게나
반도의 해안선 따라
바다 밑은 다 봤다는
불턱의 저 할망들도
한때 상군 아니던가

한 사람만 물질해도 온 식구 살렸는데
어머니 숨비소리
대물림 끊긴 바다
숭고한 제주 바당에 거수경례하고 싶다

- 오승철, 「다 떠난 바다에 경례」

먼저 독자 여러분의 독해를 위하여 이 시에 등장하는 제주 고유어들을 풀이한 주석을 제시한다. '테왁'은 '해녀가 물질을 할 때, 가슴에 받쳐 몸을 뜨게 하는 공 모양의, 박의 속을 파내 만든 기구'. '낮후제'는 '오후'. '바당밭'은 '바다 일터'. '불턱'은 '해녀가 물질을 하다가 나와서 불 피우며 쉬거나 옷 갈아입는 돌담을 쌓아 만든 곳'. '상군'은 '아주 숨이 길고 물질이 능숙한 해녀'. '숨비소리'는 '해녀가 바다 속에서 해산물을 캐다가 숨 차오르면 물 밖으로 나오면서 내뿜는 휘파람 소리'. 그리고 여기서 '거수경례'는 군 조직의 일상 의례가 아니라 추모 관련 국가 공공의 장중한 행사에서 볼 수 있는, 격식을 갖춘 경의(敬意)의 의전(儀典).

해녀는 제주의 삶을 상징하는 존재이다. 그 '할망'들의 퇴장. '숨비소리' '끊긴 바다'. 이런 바다라면 시인의 감개대로 확실히 이전의 제주 바다가 아니다. 우리는 이 시의 '제주 바다의 해녀들과, 해녀 명맥이 단절되는 제주 바다에 바치는 별리 의식(儀式)'과 상실의 정서에 무척 유감스럽게 공감한다. '대물림 끊긴 바다'에 시인은 '거수경례하고 싶다'고만 하였으나, 필시 최대 최고의 거수경례를 하는 작품 바깥의 시인을 볼 수 있다. 또 분명, 시인의 심정을 헤아리며 한라산 같은 파도를 일으켜 응답하는 '누대로 섬을 지켜온' 해녀들의 제주 바다를 목격할 수도 있을 것이다.

제주 바다뿐만 아니라 한반도의 바다 속도 다 본, '그만둘 때 지났다'는 노성한 해녀들을 시인은 '어머니'라고 하고 그 '숨비소리'에 무한한 애정을 쏟는데, 자신이 태어나고 자라고 산 향토애만으로는 가늠하기 어렵게 그 애착의 정조가 깊고 무겁다. 그리고 '온 식구 살'린 그 독특한 휘파람에 그녀들의 곤고(困苦)한 '물질'뿐만 아니라, 그녀들이 어린 시절에 겪었던 4·3사태의 비애도 착색되어 있다는 연상을 하게 한다.

홀연히
일생일회
긋고 간 별똥별처럼
한라산 머체골에
그런 올레 있었네
예순 해 비바람에도 삭지 않은 터무니 있네

그해 겨울 하늘은
눈발이 아니었네
숨박꼭질하는 사이
비잉 빙 잠자리비행기
〈4·3땅〉 중산간 마을 삐라처럼 피는 찔레

이제라도 자수하면 이승으로 다시 올까
할아버지 할머니 꽁꽁 숨은 무덤 몇 채
화덕에 또 둘러앉아
봄꿩으로 우는 저녁

– 오승철, 「터무니 있다」

 4·3사태 양측의 충돌에서 야기되었던 무고한 희생. 그 비극을 환기하는 시들에서 이 시는 압권이 아닐까. 특히 '이제라도 자수하면 이승으로 다시 올까'로 시작하여 그 이승에서 사라지지 않는 '봄꿩으로 우는 저녁'의 공허로 끝나는 4연은 긴 부연이 필요하면서도 결국 모두 사족이 되게 할 절창이다. 「다 떠난 바다에 경례」는 그래서 한번 읽고 그 별리에 공명하고 시선을 돌리기에는 아무래도 어려운 맥락의 후경(後景)이 우두커니 서 있다.
 제주의 역사와 정서, 풍속과 문물을 평생 천착하며 때로는 한반도 전역으로 해외로 그 시선을 확장하였던 동정과 연민의 오승철 시인이 지난 달 19일에 별세하였다. 「다 떠난 바다에 경례」는 시인이 투병하며 별세 직전에 펴낸 마지막 시집의 표제작. '둥실둥실 테왁아 둥실둥실 잘 가라'... 그러고 보니 '테왁'은 해녀만이 아니라 시인 자신이기도 하다. '둥실둥실 테왁아 둥실둥실 잘 가라', 이 시구는 자신에게도 이른 고별사였다.

그런데 '테왁'은 갔다가 오고 다시 갔다가 오기를 반복하며 제주 바다를 떠돌 것이다.

□ 오승철 시인의 주요 수상작

오키나와의 화살표 외 5편 _ 오승철

오키나와 바다엔 아리랑이 부서진다
칠십 여년 잠 못 든 반도,
그 건너
그 섬에는
조선의 학도병들과 떼창하는 후지키 쇼겐*

마지막 격전의 땅 가을 끝물 쑥부쟁이
"풀을 먹든 흙 파먹든
살아서 돌아가라"
그때 그 전우애마저 다 묻힌 마부니언덕

그러나 못다 묻힌 아리랑은 남아서
굽이굽이 끌려온 길,
갈 길 또한 아리랑 길
잠 깨면 그 길 모를까 그려놓은 화살표

〈
어느 과녁으로 날아가는 중일까
나를 뺏긴 반도라도
동강난 반도라도
물 건너 조국의 산하, 그 품에 꽂히고 싶다

*태평양전쟁 말기 일본군 소대장으로 참전했으며,
조선학도병 740인의 위령탑 건립과 유골 봉환사업에 일생을 바쳤다.

〈고산문학대상〉 수상작

몸국

그래, 언제쯤에 내려놓을 거냐고?
그러네, 어느 사이 가을이 이만큼 깊네
불현듯
이파리 몇 장 덜렁대는 갈참나무

그래도 따라비오름 싸락눈 비치기 전
두말떼기 가마솥 같은
분화구 걸어놓고
가난한 가문잔치에 부조하듯 꽃불을 놓아

하산길 가스름식당
주린 별빛 따라오면
펄펄끓는 가슴에 똥돼지 고기국물
배지근 우린 그리움 몸국이 되고 싶네

〈한국시조대상〉 수상작

터무니 있다

홀연히
일생일획
긋고 간 별똥별처럼
한라산 머체골에
그런 올레 있었네
예순 해 비바람에도 삭지 않은 터무니 있네

그해 겨울 하늘은
눈발이 아니었네
숨바꼭질 하는 사이
비잉 빙 잠자리비행기
〈4·3땅〉 중산간 마을 삐라처럼 피는 찔레

이제라도 자수하면 이승으로 다시 올까
할아버지 할머니 꽁꽁 숨은 무덤 몇 채
화덕에 또 둘러앉아
봄꿩으로 우는 저녁

〈오늘의시조문학상〉 수상작

셔?

솥뚜껑 손잡이 같네
오름 위에 돋은 무덤
노루귀 너도바람꽃 얼음새꽃 까치무릇
솥뚜껑 여닫는 사이 쇳물 끓는 봄이 오네

그런 봄 그런 오후 바람 안 나면 사람이랴
장다리꽃 담 넘어 수작하는 어느 올레
지나다 바람결에도 슬쩍 한번 묻는 말
"셔?"

그러네 제주에선 소리보다 바람이 빨라
'안에 계셔?' 그 말조차 다 흘리고 지워져
마지막 겨우 당도한
고백 같은
그 말
"셔?"

〈중앙시조대상〉 수상작

송당쇠똥구리 · 1

겨울 송당리엔 숨비소리 묻어난다
바람불지 않아도 중산간 어느 한 녘
빈 텃밭 대숲만으로 자맥질하는 섬이 있다

대한(大寒)에 집 나간 사람 찾지도 말라했다.
누가 내안에서 그리움을 굴리는가
마취된 겨울산에서 빼어낸 담낭결석(膽囊結石)

눈 딱 감고 하늘 한 번 용서할 수 있을까
정월 열사흘 날, 본향당 당굿마당
4·3땅 다시 와 본다, 쌀점 치고 가는 눈발.

그렇게 가는 거다. 신의 명을 받아들면
징 하나 오름 하나 휘모리장단 하나
남도 끝, 세를 든 세상, 경단처럼 밀고 간다

*송당리 : 북제주 구좌읍의 중산간마을. 멸종위기의 쇠똥구리는 이 지역 인근의 오름 등에서만 볼 수 있다.

〈이호우시조문학상〉 수상작

사고 싶은 노을

제주에서 참았던 눈
일본에 다시 온다.
삽자루 괭이자루로
고향 뜬 한 무리가
대판의 어느 냇둑길
황소처럼
끌고 간다.

파라, 냇둑공사 다 끝난 땅일지라도
40여년 〈4·3땅〉은 다 끊긴 인연일지라도
내 가슴 화석에 박힌 사투리를 쩡쩡 파라

일본말 서울말보다
제주말이 더 잘 통하는
쓰루하시,* 저 할망들 어느 고을 태생일까
좌판에 옥돔의 눈빛 반쯤 상한 고향 하늘

"송키** 송키 사압서" 낯설고 언 하늘에

엔화 몇 장 쥐어 주고
황급히 간 내 누님아
한사코
제주로 못 가는
저 노을을 사고 싶다.

*일본 대판에 있는 쓰루하시는 해방을 전후한 시기에 제주도민들이 〈평야천〉 공사를 위하여 노역을 갔다가 집단적으로 모여 사는 곳이다.
 **야채 반찬거리의 제주어.

〈한국시조작품상〉 수상작

□ 오승철 시인 연보

1957년 음력7월 7일, 제주도 서귀포시 남원읍 위미리에서 아버지 오만영과 어머니 허군일의 1녀 4남 중 네 번째로 태어남.

1964년 위미초등학교 5학년 때 학급 글짓기 대회에서 '산수시간'이란 제목의 동시를 써서 담임선생님의 칭찬을 받음.

1973년 서귀농업고등학교 재학시 정인수 선생님이 지도하는 교내 문학모임 〈삼나무문학회〉에 가입 문예반 활동.

1974년 정인수 선생님이 제1회 《한국문학》 신인상 시조부문에 당선됨. 당선작 「삼다도」의 매력이 나를 시조의 길로 접어들게 함.

1975년 서귀포시내 고등학생들로 구성된 〈정방문학동인회〉에서 활동함.

1977년 학생 잡지 《학원》지 등에 작품을 발표하던 김우영 최영철 박기섭 이정환 문창갑 김미구 조성래 등과 〈시림〉동인에 참여.

1979년 『백수시선』 관련 제주에 오셨던 백수 정완영 선생님을 처음 만남. 이후 서울을 들락거리며 백수 선생님 밑에서 수학.

1981년 작품 「겨울귤밭」으로 동아일보 신춘문예 시조부문(심사 초정 김상옥)에 당선됨.

1982년 서귀포시청 근무.

1983년 제주시조문학회를 창립하고 활동.

1984년 아버지가 돌아가셨고(음력 7월 29일), 같은 해 강경아와 결혼.

1985년 큰딸 새미가 태어남.

1987년 아들 한솔이가 태어남. 첫 시집 『개닦이』를 펴냄.

1989년 제주도청 홍보연구관으로 발령. 10여년 만에 '시림동인'들이 다시 만나 동인지 『그대 걸어갈 광야는 멀다』를 열음사에서 펴냄.

1990년 방송대 국어국문학과 입학.

1992년 둘째딸 새별 태어남.

1994년 〈정방문학〉 제7집 『우리가 약속한 땅을 위하여』를 태화인쇄사에서 펴냄.

1996년 계간 《열린시조》 창간, 편집위원으로 참여. 이지엽 교수가 주간을 맡았고, 박 기섭 이정환 김연동 오승철 등 다섯 명이 편집위원으로 참여했으며, 훗날 《열린시학》으로 변경됨.

1997년 「사고 싶은 노을」로 한국시조작품상을 받음.

1999년 계간문예 《다층》 창간, 현재까지 편집위원으로 참여함.

2000년 〈정드리〉 문학모임을 결성. 김윤숙 문순자 조영자 등과 활동함.

2004년 우리시대 현대시조 100인선 『사고 싶은 노을』을 태학사에서 펴냄.

2005년 제주국제대학교에 편입. 작품 「송당 쇠똥구리 1」로 이호우시조문학상을 받음.

2006년 『한국시조작품상 수상작품집(1991-2005)』을 동학사에서 펴냄. 제4회 유심작품상 받음.

2007년 제주국제대학교 졸업.

2008~2010년 서귀포문인협회 회장. 서귀포시 삼매봉기슭에

〈칠십리 시공원〉을 조성함. 정완영 정지용 박목월 박재삼 등 도내 외 유명시인들의 제주 관련 작품을 시비로 건립함.

2009년 두 번째 시집 『누구라 종일 홀리나』를 고요아침에서 펴냄.

2010년 작품 「셔?」로 중앙시조대상을 받음. 제주특별자치도 문화예술담당 사무관으로 발령.

2014년 제주신문 〈시로 읽는 제주〉에 시 해설을 시작함. 작품 '터무니 있다'로 오늘의시조문학상을 받음. 한남리 주민들이 이 작품을 〈머체왓 숲길〉 탐방안내소 인근에 시비(글씨 한곬 현병찬, 아이디어 드로잉 김해곤, 조각 송창훈)로 세움.

2015년 서울문화예술재단 문학창작 기금을 받아 세 번째 시집 『터무니 있다』(푸른사상사)에서 펴냄.

2016년 작품 「몸국」으로 제6회 한국시조대상을 받음. 여덟 번째 정방문학동인지 『섬은 바다의 향기로 깬다』를 펴냄.

2017년 이승은 박기섭 이정환 이지엽 정수자 오종문 김연동과 더불어 『8인8색 시조집/ 80년대 시인들』을 펴냄. 화가 김해곤 선생의 제안으로 각 장르의 예술인들과 더불어 '문화패 바람난장'을 만들어 대표를 맡음.

2018년 1월 27일 대구에서 개최되었던 〈오늘의시조시인회의〉 정기총회에서 제17대 의장으로 선출됨. 6월 23일부터 1박 2일간 제주에서 '4·3 70주년과 해녀, 그리고 시조'란 주제로 오늘의시조시인회의 여름세미나를 개최함. 제주해녀시조집 『해양문화의 꽃, 해녀』(황금알)를 지은이 오늘의시조시인회의 이름으로 펴냄. 8.15~8.18 '한라에서 백두까지' 오늘의시조시인회의 회원 33인이 우리글로 시조를 쓰는 '연변교원시조사랑회'와 교류하며 백두산(천지, 장백폭포) 문학기행을 다녀옴.

2019년 5월 네 번째 시집 『오키나와의 화살표』(황금알) 펴냄. 두 번째 사화집 『8인8색시조집/80년대 시인들』(고요아침) 펴냄. 시집 『오키나와의 화살표』로 제19회 고산문학대상(시조부문) 받음. 8.16~8.19 오늘의시조시인회의 회원들과 3·1운동 100주년 기념으로 100년 전 그 독립정신을 기리기 위해 블라디보스톡과 우수리스크를 방문하고, 고려인들과 간담회를 가지며 연해주 문학기행을 다녀옴.

2020년 6월 제10회 서귀포문학상 받음.

2021년 1월 단시조집 『길 하나 돌려세우고』(황금알) 펴냄. 5월 제13회 한국예술상 받음. 12월 제27회 제주문학상 받음.

2022년 6월 서울문화예술재단 문학창작 기금을 받아 다섯 번째 시조집 『사람보다 서귀포가 그리울 때가 있다』(황금알) 펴냄.

9월 3일 서귀포문인협회 주관으로 칠십리시공원에 작품 「서귀포 바다」시비 세움.

2023년 2월 5일 제주문인협회장 취임. 여섯 번째 시조집 『다 떠난 바다에 경례』(황금알) 펴냄. 5월 19일 새벽 암투병 끝에 향년 67세로 세상을 떠남.

■ 정드리문학 작품

고추잠자리 22 외 - 오승철

별천지 외 - 문순자

고사리 꺾는 날 외 - 조영자

어머니의 가을 외 - 강현수

발가락 군의 소식을 듣다 외 - 김영순

폭포 속으로 1 외 - 안창흡

블루노트 외 - 이명숙

지금 이 속도가 좋다 외 - 김양희

시 외 - 오창래

산방산 외 - 고해자

소원 외 - 윤행순

송강 은배 외 - 양시연

화산도 곶자왈 외 - 오순금

마늘쫑 외 - 오은기

위치 추적기 외 - 이미순

고추잠자리 22 외 4편 _ 오승철

- 그래, 그래 알겠더냐
- 날아보니 알겠더냐

- 그래, 그래 알겠더냐
- 매운맛을 알겠더냐

한 생애
그리움으로
붉어보니 알겠더냐

긁다만 부스럼같이

에라
그만두자
긁다 만 부스럼같이

에라
그만두자
끄다 만 집어등같이

솔째기 바다빛 살빛 얼비치는 하늘 한켠

눈감거나 뜨거나 그저 그런 밤이었을까
가시처럼 박혀있는 이야기가 남았는지
갯마을 올레길 돌아 눈을 뜬 듯 감은 듯

다 떠난 바다에 경례

둥실둥실 테왁아
둥실둥실 잘 가라
낮전에는 밭으로 낮후제는 바다밭
누대로 섬을 지켜온
그들이 퇴장한다

그만둘 때 지났다고 등 떠밀진 말게나
반도의 해안선 따라
바다 밑은 다 봤다는
불턱의 저 할망들도
한때 상군 아니던가

한 사람만 물질해도 온 식구 살렸는데
어머니 숨비소리
대물림 끊긴 바다
숭고한 제주 바당에 거수경례하고 싶다

서귀포 칠십리
– '서귀포 칠십리'란 노래를 작사한 조명암에 대해

그게 어디 숫자여?
부르고픈 이름이지
백 리는 너무 멀고
오십 리는 좀 짧다고?
'서귀포 칠십리'란 말 내뱉고 간 사람아

어디서 어디까질까, 서귀포 칠십리는
섬들을 한바퀴 도는 그 거리가 그쯤이겠고
이 땅의 그리움 찾아 나선 길도 칠십 리

그래! 어떻던가 거기에는 있던가
삼팔선 넘어서면 칠십 리 더냐, 천 리 더냐
사람아, 칠십리란 말 흘리고 간 사람아

서귀포 동문로타리 닭내장탕

어느 도시에도 찾기 힘든 닭내장탕집
무김치 너댓 개면 접시가 넘치지만
그 식당 아줌마 볼도 김치처럼 물이 든다

닭장에 갇히거나 아파트에 갇히거나
닭의 길, 사람의 길, 그게 그걸 테지만
아리랑 아리랑 같은 구불구불 닭내장길

무김치와 닭내장탕, 아줌마와 사십 년 간판
궁합도 저리 맞아야 세상맛을 아는 걸까
주문을 넣기도 전에 보글대는 저 냄비

오승철
1981년 동아일보 신춘문예 당선
시조집 『다 떠난 바다에 경례』 등
osc3849@empas.om

별천지 외 4편 _ 문순자

산이 깊어 그런가 별이 별을 부른다
자정을 훌쩍 넘긴 내설악 어느 절 마당
낮에 본 불사리탑이 별처럼 반짝인다

불상 하나도 없는 대웅전 들어서면
통유리창 안으로 언제 들어오셨나
비워둔 연꽃좌대에 가뿐히 앉아계신다

새벽 다섯 시면 하산을 한다는데
그렇게 부처님과 뜬눈으로 지샌 별들
벗어둔 등산화에도 독경소리 넘쳐났다

씨앗의 힘

서울 사는 둘째가 카톡카톡 날 부른다
전시회에 왔다며 보내온 사진 한 장
"이건 뭐?"
내가 되묻자 그만 울먹거린다

오래된 주문처럼 여섯 개의 유리병엔
홍두 메밀 흑보리 자색보리 갓 참깨
코르크 마개로도 못 막은
돌아가신 할머니 냄새

만지면 손가락 사이로 스르르 빠져나가는
좀팍과 푸는체로 까불리던 갯노멀 씨앗
그날 그 감촉이 그만
뇌관을 건드린 거다

초이렛달

약속시간 늦을라 급히 집을 나서는데
저건 새로 바꾼 시원이의 드림렌즈?
한순간 빨려들듯이
내 눈에 쏙 박힌다

밤새 끼고 자면 안경 안 써도 된다는
그러니까 저 달도 고도근시였구나
이제 막 사춘기에 든
열두 살 손녀딸처럼

낮과 밤 그 언저리 세대를 건너뛴 자리
눈높이 하나로도 세상이 환해지는
가을도 네겐 봄이다
아무나 꿈꿀 수 없는

설유화

제주올레 5코스 위미리 조배머들코지
늦눈처럼,
돌아앉은 할망 하르방 바위 지나
불현듯 담장 너머로
하늘하늘 날 부른다

날 부른다,
별일 없다 시치미를 떼 봐도
부부싸움은 칼로 물 베기라나 뭐라나
오늘밤 저 할망 하르방
슬쩍 고쳐 앉을까 몰라

성소를 훔쳐보다

노랑턱멧새인가 곤줄박이 녀석인가
가끔은 농약도 치는 감귤나무 가지에
손녀딸 밥사발만 한 새집 하나 생겼다

몇 번의 날갯짓이 둥지를 완성했을까
이끼와 지푸라기 솜털로 차린 신방
저들의 성소를 엿보는 내 몸이 저릿하다

삐이삐 찌르찌르 밥 한술도 못 줬는데
그럼에도 탈 없이 부화를 끝냈는지
올여름 가마솥더위 달구는 저 새소리

문순자
1999년 농민신문 신춘문예 당선
시조집 『어쩌다 맑음』 등
barang2018@hanmail.net

고사리 꺾는 날 외 4편 _ 조영자

일년에 스물두 번 제사 올리는 어머니
고사리가 없었다면 어떻게 지냈을까
열두 살 고사리손이 없었다면 어쨌을까

우리집 족보만 봐도 한 역사가 읽힌다
4·3이며 못 돌아온 배, 까마귀 모른 제사까지
가난한 어머니 눈썹에 밤마다 걸리던 별빛

고사리야 고사리야 꾸벅꾸벅 고사리야
이제는 사라진 마을 영남리 그 어디쯤
남루한 그 젯상 위에 꾸벅구벅 고사리야

감자 먹는 날

유월 초사흘 달도 어떻게 알고 왔는지
까만 손 여남은 개가 낭푼이에 들락인다
봄 내내 허기진 뻐꾸기 울음 몇 점 보태는 날

안덕면 상창리는 어머니 단골마을
"자리 삽써, 자리 삽써" 퐁낭 그늘에 장이 섰다
젓자리 한 됫박이면 하지감자 두어됫박

어머닌 어딜 가나 범섬 자락 안에 든다
자리 몇 줌 슬쩍 건네면 보리밥이 한 그릇
떨이도 다 끝난 구덕 마을 인정 지고 간다

하도리 철새도래지에서

내려치는 죽비 같다
하늬바람 그 채찍
앉은뱅이 갯쑥부쟁이
무슨 약속 남았는지
하도리 철새도래지
벗어나질 못한다

세월도 그냥은 안 가
류마티스 관절염
쇠기러기 저들도
하늘길 가는 동안
제 생애 딱 한 번쯤은
도둑사랑이 그리운 거다

길은 허공의 길이
더 간절해지는 건가
선천성 이 그리움도
깡그리 보내고 싶은 날
저무는 지미봉 기슭
명치 끝 저려온다

소나기

갑자기 찾아오는

급성 맹장 같은 거다

병상 어귀 느티나무

신용불량 통지서

한 세상

마른 병상을

후려쳐라, 천둥아

낮달

참말로 반짝이던
스무 살 그 첫사랑

함부로 그리워하면
그마저 죄가 될까

아직도 해독 못 하는
행간으로 떠 있다

조영자
20003년《열린시학》신인상
시조집 『반공일엔 물질간다』 등
dolgasee@naver.com

어머니의 가을 외 2편 _ 강현수

주인이 떠난 것을 과수원도 아나 보다
해마다 비상품이 상품보다 늘어간다
이문이 없어도 좋다 출근하던 아버지

아버지 가윗소리 어머니 가위소리
작년엔 또각또각 연애질소리 같았다
그 소리 그리운 건지 가위 놓은 어머니

풍작은 아니어도 평작이 욕심인가
통장으로 처음 들어온 어머니의 성적표
가을은 늘 청맹과니 저 혼자 잘 익는다

아버지의 가을

아버지 가슴에도 노을 하나 숨어 산다
11월 과수원은 저 혼자 물이 들고
오래된 기침 소리도 상자마다 담는다

가끔 술기운에 그 안 살짝 헐리면
지상의 제삿날엔 찾아오지 않겠단다
한평생 가위손으로 다스려온 이 영역

초고속 카메라에 가을이 툭 걸리면
포르말린 그 냄새도 이골이 나셨는지
병원 행 아예 뚝 끊고 바람에 몸 맡긴다

벌통생각 12

아버지 떠나시고
10년도 안 됐는데
폭설에 물난리에
절반쯤 줄어든 벌통
몇 년째
돌림병마저
갈 생각을
안 하네

강현수
2008년 영주일보 신춘문예 당선
soohill@naver.com

발가락 군*의 소식을 듣다 외 4편 _ 김영순

서귀포 몽마르트르 솔동산길 오르다가
그저 비나 피할까 잠시 들른 이중섭 거처
일본서 당신의 부고가 손님처럼 와 있네요

수백여 통 남편의 편지,
그 편지 한 장 없어도
붓과 팔레트마저 미술관에 기증하고도
서귀포 피난살이가 그중 행복했다니요

돌아누우면 아이들 돌아누우면 당신
게들은 잠지를 잡고 아이들은 게를 잡고
오늘은 별 따러 가요
하늘 사다리 타고 가요

*이중섭 화가는 아내를 발가락이 길다고 '발가락 군'이라 불렀다.

달과 고래

일부러 그대 안에 한 며칠 갇히고 싶다
행원리 어등포구 일곱물이나 여덟물쯤
기어코 월담을 하듯 원담에 든 남방큰돌고래

섬 뱅뱅 돌다 보면 거기가 거기인데
사람들이 내쫓아도 자꾸만 들어온다
네게도 피치 못할 일, 있기는 있나 보다

먼 데 있는 저 달은 들물날물 엮어내며
하늘에서 뭇 생명을 조물조물 거느린다

한동안 참았던 그 말
물숨이듯 내뿜고 싶다

포옹

말은 제가 지나온 길을 돌아보지 않는다

세렝게티 초원에서나 한라산 기슭에서나

서로의 뒤를 봐주느라 그 일생이 다 간다

유아불기(幼兒不記)

촐촐촐 비 내린다
쑥부쟁이 흔들린다

먼저 간 사람 달래기엔 이런 날이 참 좋아
눈물도 바람 탓이려니 가을비 탓이려니
4·3 난리통엔 별빛도 붉었을 텐데
수상한 그 시절을 만난 게 죄라면 죄고
행여나, 헛제삿밥이라도 바란 적 없을 텐데

죽은 이는 원수였지만 산 자는 손잡으라니
영모원 비석에 가닿지 못한 아이들 이름

죄 없는 것들이라서
여백이 창창하다

시인은 아무나 하나

모래흙과 바닷바람 그 불협화음이 빚어낸

평대리 어느 시인의 파치당근을 얻어먹다가 파김치 갓김치도 낼름 받아먹다가 급기야 그 당근밭을 통째로 해치웠네 태풍 몇 번 지나간 원형탈모증 앓는 자리에 돌산갓 고수 파 시금치 배추 심어놓고 손가락만큼 자란 파부터 눈맞은배추까지 주말이면 세상을 불러 다 퍼주는 조 시인이나 그 당근 사다가 다시 퍼 나르는 금릉리 양 시인이나, 기름값이라고 몇 푼을 쥐여줘도 마다하니 올해만 그런 게 아니라 해마다 그러하니 시인의 수입이 직업군 중 꼴찌일밖에

시인은 아무나 하나 아무나 시인이 되나

김영순
2013년 영주일보 신춘문예 당선
시조집 『꽃과 장물아비』 등
didimdol-1004@hanmail.net

폭포 속으로 1 외 4편 _ 안창흡

― 화가 강요배 선생의 畫題에 부쳐

쾅

쾅

쾅

내리친다

다시 보니

솟구친다

저

폭포수

탄식인가

解脫에 든

희열인가

물 미르

하늘 오르고

심연으로

뿌리 박히네

폭포 속으로 2
– 화가 강요배 선생의 畫題에 부쳐

저
저
저
섬 기슭
용솟음치는
물벼락
봐

천년바위
때리며
世上 世上
물보라

뉘라서
알아차릴까
萬年 품은
비밀
하나

곤걸랑 들어보라
– 瀛南里 1

누게가
알아시카
웃어져분
웃뜨르
무을

염둔이옌
불르던
할로영산
아래
무을

瀛南里
화전터에는
지슬
호나

애닯다

곧걸랑 들어보라
― 瀛南里 2

토벌대
총질에
온 ᄆᆞ을이
불이여
불

사름들은
이레 호록
저레 화륵
굽을 디도
웃엇주

그날사
잊어지크냐
11월 20일
한바탕
狂風

곤걸랑 들어보라
— 瀛南里 3

그 사태
어떵사
넘어와신지
몰르켜

어점이악
스님궤
살아도
죽은
목심

게메이
시상웃어도
살암시난
살아진거

안창흡
2014년 《시와문화》 신인상
rigin88@naver.com

블루노트 외 4편 _ 이명숙

오늘의 소울풍은 제대로 취중 농담
너를 위해서라면 불편하지 않다나
인생은 게임이니까 처음 하는 거니까

우리들의 우주에 밤을 밝기는 개들
취한 바람이 불어 예술도 취한다나
영원을 남발하니까 이미 취한 뒤니까

산다고 살아봐도 산 둥 만 둥 산 듯 만 듯
엎어지고 깨져도 새벽은 다시 오고
친절은 나를 거부해 딥블루에 또 취해

다름,의 균형

돌이 피는 것일까 물이 피는 것일까
엄지와 검지 사이 잠시 멈춘 숨 한 잎
강물의, 눈빛을 견뎌 증언하는 고백의 서

내가 나의 정면을 설정한 적 없지만
돌은 돌의 정면을 설정한 적 없지만
강물에 몸을 맡기면 은빛 환한 꽃이, 핀다

가슴에서 꺼내든 납작납작 예쁜 돌
기억이 실수처럼 물속으로 지기 전
설렘이 너일 것 같은 새가 되어 떠나기 전

이터널

너를 맴맴 한 바퀴 돌면 한 달이 가지
빛멍 빛멍 한 바퀴 돌면 한 해가 가지

덩달아 돌고 돌면서
흘려버린 한평생

사람의 동쪽에선 여전히 해가 뜨고

달이 옹알거리듯
지구가 종알대듯

아무런 소통 없이도 그 사랑 또 할 거고

널 품은 내 심장은 사실 불편을 몰라
별빛 달빛 목을 쳐 슬픔 낭자한 계절

먹비에 젖고 젖어도
여전히 흰 갓스물

〉
사랑의 그림자는 보랏빛 슬픔이지

인연 한 채반으로
서로가 된 그리움

괜찮다 괜찮지 않다 까맣거나 희거나

사막 경전

별이 아름다운 건 별빛 때문이에요

아름다운 그 여자
엄마는 완고했죠

햇볕의 말투에 데어 빛, 자국만 남긴 채

거친 바람 속에서 눈가 짓무르다가
지친 몸속의 바람 홀로 펄럭이다가

배에서 먼 가슴까지 사선으로 가른 숨

얼어붙은 눈물이 스스로 빛을 냈죠

안개 숲을 헤매며 흐느끼던 내부의
슬픈 빛
희게 타올라 마른 꿈 다 태운 채
〉

또 하루 밥물 맞춰 불빛 환히 컨 사람
살아서 좋았다는 그 빛
무효라고요

어디서 어디까지가 신의 영역, 인가요

르네 마그리트의 연인들*

계절을 감염시킨 아픈 마스크처럼
고독에 몸을 맡긴 연인, 연인들처럼

절대한 슬픔의 문장
노력한 적 없어요

별들 눈물 앞에서 그냥 태어났을 뿐

아무 사랑까지는
생각한 적 없지만

누구의 작품인가요 단 한 번의 저 호흡

몸을 잊은 혀들이 공감한 자막 너머
구멍 난
푸른 하늘 새에 핀

사막의

신기루처럼

기를 펴는 헛기침

나를 아는 그대여 내 입술을 가져요
말을 잃은 그대여 내 눈빛을 가져요

초현실 초현실적인
가면을 쓴 내 사랑

*캔버스에 유화(1928년)

이명숙
2014년 영주일보 신춘문예 당선. 2014년《시조시학》신인상,
2019년《문학청춘》시 등단, 2019년《한국동시조》신인상
시조집 『썩을』 등
lms02010@hanmail.net

지금 이 속도가 좋다 외 4편 _ 김양희

그림자로 펼치는 설치 미술가 구름이
지표면 군데군데 작품을 드리운다
장광설 다 생략하고
작가 마음 그대로

지나간 그림자는 돌아오지 않는 재료
모두가 다른 시간 모두가 다른 걸음
구름은 지구를 누비며
늘 첫 작품을 건다

박수기정 관점

마그마 더운 피가 파도에 굳어버렸다
한라산 울분이 송두리째 엉겨 붙었다
난드르 그 갯바위에 무릎을 구부린다

날 세운 갯바위가 흰 무릎을 찢을 때
울분도 더운 피도 바람에 모두 불리고
게으른 사내의 평화 드러났다 잠겼다

여운형

두 발의 총탄이 몽양을 관통했다
대범한 기개가 길에서 멈추었다
푸른 피 흥건한 산하 사라져 버린 미래

혁명가는 침상에서 죽는 법이 없다[*]
좌우합작 운동은 시대가 쓴 그의 정신
벌어진 틈서리에서 회색바람이 인다

비 젖은 표지석과 우산을 함께 받는다
나라는 이름으로 나라에 닿기는 멀어
혜화동 로터리 돈다 가늠할 수 없는 오늘

*여운형의 말

반목

피해와 혜택 사이는 드리운 그늘 같아

둥그런 그림자 반동가리 내버렸네요

이웃한 울타리 나무에 대신 앙갚음하듯

단순한 지저귐을 잘라낸 거라고요?

신뢰를 뭉텅 잃은 반쪽이 사철나무

미움에 순을 지르면 더 무성해지는 걸

이상의 집

서촌을 찾아갔다 그가 기다릴 듯해
자리를 잠시 비운다는 쪽지 한 줄

이 친구 어딜 가셨나
서가 등 밝혀두고

제비 다방에서 미스꼬시 옥상으로
잠시 비운 자리 아주 비운 자리

존재와 부재 사이에
잠시라는 유리창

김양희
2016년 《시조시학》 등단. 2018년 《푸른 동시놀이터》 천료.
시조집 『넌 무작정 온다』 등
hope-hi@hanmail.net

시 외 4편 _ 오창래

어디론가 걷다 서다 반복하는 이 주말에
오늘은 무슨 일로 외출 다시 하려는지
넥타이, 서툴게 맨 채 거울 앞에 서봅니다

설레이는 가슴으로 중고트럭 지나가듯
덜커덩거리면서 조금씩 떨며 갈 때
저편엔 무지개 하나 눈 붉혀 서 있습니다

횡설수설

누군가 그리운 주말 빗방울 찔끔거립니다
침대 시트 내 널려다 거실에 펼치고는
누군가 생각합니다, 훗쏠 보고 싶습니다

지난 4일 오전엔 제주학 연구 센터에서
우수상과 장려상 혼듸 받아오고는
한편에 세워둔 채로 힐끔 바라봅니다

홀아방 삶이란 게 다 그런 게 아니냐고
어쩌면 위안을 하며 맘 달래려 애를 써도
비 오는 이런 날에는 그리움만 더 합니다

어느 날 밤

단풍 이미 떨어져 한겨울인 이 혹한에
사철을 쉼 없이 통곡하는 귀뚜리 울음
내 가슴 깊숙이 숨어 떠날 줄을 모릅니다

허기 느껴 그런 가고 입가심하던 과자
핑계에 오물대다 짐짓 꿀꺽 삼켰더니
그걸론 부족하다며 볼륨 더 높여갈 때
이제껏 숨죽였던 저 파도 화 잔뜩 나
거품 물고 달려드는 내 집 현관 한편에서
호통을 저리 치면서 포말로 피며 갑니다

ᄉᆞ랑 ᄒᆞ염져

저긔
웃드르
파랑ᄒᆞᆫ 테역 밧디서
이실 돌아진 늬 모냥을 ᄉᆞ랑 ᄒᆞ염져

ᄃᆞ랑쉬 오름
정상 ᄒᆞ펜이서
우리에게 손짓 ᄒᆞ는
소사나모 ᄒᆞᆫ 그르를 ᄉᆞ랑 ᄒᆞ염져

바당 ᄀᆞᆺ
빌레 ᄀᆞ냥에서
이 ᄎᆞ록 물꾸루미 나왕
바당ᄉᆞ리 듣는 ᄃᆞ롯 국화 꽃

어떵ᄒᆞ단
헤벤착더레 급안 나와신듸
ᄎᆞ마 늬가 뒐 때 까지의
지인 날덜을 사랑ᄒᆞ염져

봄날에

고샅길 한편으로 풍겨오는 것과 같이
수줍음 띤 새악시의 발그레한 표정같이
한 편엔 작약 순으로 어둠 밝히는 것 같이

텃밭엔 홍시 나무 피부병을 앓는 건지
이곳저곳 돋아나는 아가씨의 여드름 같아
저 햇살 침 흘리면서 힐끔대는 이 봄날

오창래
2016년《시조시학》신인상
시조집『국자로 등을 긁다』등
sonang1574@hanmil.net

산방산 외 4편 _ 고해자

세간에 오름붐이 일기도 아주 전쯤
저 자락 틈새 사이 오르고 내리던 중
그 길목 아킬래스건 길조차도 불호령

널따란 바다 향해 시선 다 빼앗긴 채
기슭의 험난함에 사람조차 접근 막고
산남의 수문장처럼 다가서도 못하네

희미한 쪽길 내듯 오르고 내려오다
납작한 편무암들 급경사로 위험신호
올올히 시간만 쌓는 저 외로운 산방산

부엌 창가 꽃기린

어젠가 싶은데도 어느새 몇 년째다
작은 창 지킴이로 제 할 일 다 하는 너
온갖 것 냄새 맡으며 불평 하나 없었지

초록빛 고수하며 내 동공 씻어주고
향기도 아닌 냄새 희석과 휘몰이로
제 자리 하루같이 늘 지켜주고 지킨 터

오늘도 어제처럼 함구한 불평불만
맨 먼저 웃어주는 부엌의 일등공신
적당한 가시 품은 뜻 알까 몰라, 아직도

사진 한 장

이럴 때 어의상실 명명을 하는 게지
오른쪽 있어야 할 잡초 싹 한 촉 꼈다
왼쪽에 찍혀버리는 불상사로 촉발함

누구한테 일러바쳐 코 납작시켜줄까
어떤 때 나도 나를 못 믿은 적 있다지
겁 없이 남의 작품에 태클마저 건다고

저녁 노을

때로는 저녁 노을 경쾌한 저 붓놀림
예술적 감성마저 가감없이 표출한다
제트기 새하얀 연기 직선으로 앉은 터

어떠한 의식 중인 순간 속 찰나처럼
하얀 줄 가로 구름 주홍빛 연출 무대
긴 한 획 한 획씩마다 오롯한 저 집중력

저들도 가감 없이 올곧은 터치 즐겨
사람도 자연계와 맞짱뜨면 안 될 처지
갑자기 숙연해지는 이심전심 화들짝

걷기

이 세상 어디라도 발 붙일 힘 있다면
맨주먹 걷어붙여 함께 걷길 자처한다
그길이 험난할수록 보람 너머 보석별

걷고 또 걸어봐도 좋은 건 안 보여도
무심한 자연계도 소리 없이 경쟁하듯
배 놔라 감 놔라할 처지 못 되어 다 그렇지

고해자
2008년 영주일보 신춘문예 수필 당선
2018년 《시조시학》 신인상
gujelcho@hanmail.net

소원 외 4편 _ 윤행순

수산봉 떡구름이 유원지에 내려왔다
오래전 외과수술 받은 외삼촌처럼
한 번만
살려달라고 말도 못한
저 곰솔

행원바다

사백 년 전 광해가 배 타고 온 행원포구
예닐곱 살 소녀들이 숨바꼭질하고 있다
저 바다 자맥질하면 못 찾겠다
진희야

형제섬

모슬포 찾아오면
몹쓸 내가 보인다
들물날물 거센 날도 서로가 부둥켜 안고
어머니
안 계신 바다
지켜내는 저 섬들

부부

늦눈 몇 송이 내려앉는 왕이메오름
한때는 치사랑의 독약 같은 그리움도
이제는 따져 뭐하랴
나도 너도 바람꽃인걸

어등개 할망당

웃당은 정월 초이틀 대보름날은 알당
이사를 다닐 때마다 따라오는 보따리 종교
행원에 살지 않아도 왜 그렇게 섬겼을까

어머니는 할망신과 무슨 말을 나눴을까
곡절이야 어떻든 바다로 던지는 지드림
휴대폰 진동을 하듯 파도도 몸 비튼다

윤행순
1996년 《문학공간》 수필 등단
2018년 《시조시학》 신인상
시조집 『간호사도 가을을 탄다』 등
soon3100@hanmail.net

송강 은배 외 4편 _ 양시연

배고픈 건 참아도
술을 어찌 참을까

세상에 하나뿐인
밴댕이 같은 은잔

기어이
은배 만들어
달덩이를 실었을까

친정의 별

내 어깨 반쯤 적시고 돌아서는 봄비처럼
춘분 언저리쯤 별 하나를 놓쳤네
서귀포 올레길에서
별 하나를 놓쳤네

한때는 이팔청춘 수평선도 떠돌았다
테왁도 울릉도도 함께 도는 육지 물질
그렇게 여름 한철을
물숨 참듯 버텼다지

차 떼이고 포 떼이고 남는 건 숨비소리
대물릴 게 없어서 물질을 물리냐며
어머니 자맥질 소리
쏘아 올린 카노푸스

아무리 그래 봐라

빠앙빵 경적 울려 봐라, 위협 운전해 봐라
세상 온갖 잡소리 아무리 떠들어봐라
차 안은 소리가 없네, 거룩한 손말 세상

옆자리도 앞자리도 룸미러 안에서도
소소한 이야기꽃 손끝에서 피어난다
어느새 나는 이방인, 눈으로 듣는 이방인

그렇다면,
층간소음 저들은 어찌 알까
소리 때문 죽이고 소리 덕에 살아나고
아무리 그래 들 봐라, 그 세상엔 소리가 없다

비문과 동거하다

쓰윽 쓱
쓸어봐도 안경알 닦아 봐도
눈썹도 아닌 것이
걸리적대는 깃털 하나
자동차 와이퍼처럼 빈손 자꾸 휘젓는다

이제 막 퇴직하고 설레는 후반인데
내가 모르는 내 잘못
내게 있었나 보다
그거 참, 비석도 없는데 비문증에 걸렸다니

어느 인생인들 가슴에 나비 하나 없으랴
"내 안에 거하라"는 그 뜻 이제 알 것 같다
기왕에 내 안에 온 거 쥐 죽은 듯 거하시라

그리운 실랑이

"다시 물질 안 가겠다"
눈치 보던 어머니

테왁이며
오리발 숨기고
오리발 또 내미네

어느새
숨비소리가
텃밭에 낭자하네

양시연
2019년 《문학청춘》 신인상
sign7@hanmail.net

화산도 곶자왈 외 4편 _ 오순금

용암이 흐른 자리 돌무더기 가시덤불
가다가 숲이 되고 가다가 그리움 되어
제삿날 어머니 무덤가 새소리나 놓고 간다

어떤 낙엽

세월이 흐를수록
친구들이 멀어진다

세월이 흐를수록
그리움은 깊어진다

내 안에
사는 그대여
벌레 먹힌 낙엽이여

내 사랑

프리지아 꽃다발
일주일을 못 넘긴다

한 때는 그 꽃속에
청춘을 담았는데

거꾸로
걸어둔 허공
향기마저 아득하다

겨울 아침

오늘은 더 춥습니다
커피 한 잔 놓고 갑니다

한 스푼 설탕을 치듯
내 맘은 덤입니다

뭣 땜에 그러냐구요?
그건, 일급 비밀입니다

돌문화공원

이 가을 교래리는
살짝 물든 그리움이다

무수한 돌들 중에
그 누구의 선택으로

아버지 등에 걸린 듯
소 울음이 얹혀있다

오순금
2021년 《시조시학》 신인상
nora5757@naver.com

마늘쫑 외 4편 _ 오은기

헛심 쓰지 말라고 마늘쫑 뽑아낸다
알뿌리 실해지라고 꽃대를 잘라낸다
마늘쫑 뽁 뽁 뽑혀서 썰물처럼 빠져간다

이리저리 떠도는 저 어느 별 중에
어느 봄 이 세상에 찾아와 준 내 동생
뽁 하고 나오자마자
다시 떠나버렸다

마음이 터져버려, 구름도 터져버려
밤사이 마늘쫑은 누구에게 쫑쫑댈까
어머닌 다음 생에도
농사꾼 아내일까

스마일라식

새벽 눈뜨자마자 휴대폰을 찾는다
교정시력 0.3 미세먼지 농도 높음
안경은 그저 폼이다
똥폼이나 잡아본다

와이퍼로 닦아 봐도 세상은 늘 뿌옇다
어떤 날은 개똥 밟고 돌부리에 걸리고
이럴 땐 지나는 바람
그냥 확 들이받고 싶다

스마일라식이라더니 스마일은 무슨 개뿔
딸아이 떠난 날처럼 눈물콧물 범벅이더니
눈 뜨면 뻔뻔하게도 휴대폰 또 찾는다

하트 클릭

모르는 번호 거절하니 이번엔 영상통화
조카 놈 여기저기 베트남에도 하트 뿅
어려서 글은 몰라도
휴대폰은 자유자재

월남에서 씨암탉 대접 받고 온 내 동생
시부모 앞 벌렁 누운, 제 색시 편을 든다
성격도 문화도 다른
서로에게 하트 뿅뿅

열아홉 나이 차에도 물 건너온 처자다
제사명절 몇 번에 콩깍지 다 터져도
구년 차 큰집 며느리
알콩달콩 하트클릭

아버지

'조금만 더 기다려 줍서'
'샛년 지금 감수다'
돈내코 굽이굽이 돌아드는 물결처럼
화급한 나의 마음을 신호등이 막아선다

왜 이러나,
두 달 전 쯤 간 장마가 왜 또 이러나
일본 중국 거덜 냈으니 다시 우리 차례라고
온종일 가을배추가 잠기도록 비가 온다

저녁 일곱 시쯤 느닷없는 어머니 전화
세상에 눈 감는 일
'조금만 더 기다려 줍서'
오늘이 생신이신데 뭐가 그리 급하신지요?

이염(李染)

서귀포 월라봉길
애기업개돌 구덕찬돌

아무리 전설이라지만
그치지 않는 저 울음

오늘은 아버지 기일
감귤밭도 물이 든다

오은기
2021년 《문학청춘》 신인상
ohg4212@hanmail.net

위치 추적기 외 4편 _ 이미순

요금 폭탄 맞고서야
정신이 번쩍 든다
꼭지란 꼭지 다 잠궈도
팽팽 도는 계량기
내 사랑 어디서 새나
두 손 두 발 들었다

제주의 돌 창고 집
리모델링한 지 8년째
머리에 쥐 나도록
설계 도면 늘려 본다
여자의 촉으로 찾아 나선
그 사람 행선지처럼

오늘 또 실감한다
등잔 밑이 어둡단 말
한 달째 셀 만한
여기저기 난리 친 후
마침내 찾아낸 곳이
안방 침대 밑이라니

금호선인장

금사로 얽어봐라

행운이 안 따라오나

제주시로 서귀포로

맘대로 나다녀도

황색꽃 금호선인장

그보다 나은 게 없다

철이른 꽃이 지다

오래 살다보니 기계가 말을 한다
상품이나 비상품 그 한마디에 달렸다
한라봉 반자동 선별기
6단 7단 삑소리까지

살아온 무게 따라 사람들은 가는 거다
가위에 찔렸는지 꼭지에 찔렸는지
내 조카 가슴 한쪽도 곰팡이 꽃 피어났지

가지 하나에 꽃 하나 그렇게 쏟아내더니만
제 맘 속 꽃숭어린 왜 보지 못했을까
수취인 수취인 부재
오늘 더 보고싶다

며느리밥풀꽃

아침부터 깨톡깨톡
시누이 깨톡깨톡
여태껏 우리 어멍 효도 관광 못 해봤다며
한사코 오늘 밤에는 끝장을 내자 한다

끝장을 내자 한다
할머니 첫 제삿날
저녁부터 술상을 받아 앉은 가족회의
남편은 하는 말 족족 자살골만 넣는다

강릉 가자 태국 가자
법어작작 난상토론
섬 밖에 못 나가본 영정 속 저 할망도
눈살을 찌푸리신다 싸락눈 뿌리신다

세천포구

위미리 동백숲은 간세 간세 간세다리
큰엉과 쇠소깍 사이 양푼 하나 달랑들고
올레길 5코스 따라
동박새 재잘댄다

여름날 물때 맞춰 상군해녀 똥군해녀
파도와 파도 사이 숨비소리 넘실댄다
우리집 돈줄만 같은 어머니 테왁망사리

쉰다리 한 사발로 점심 한 끼 때우고
식구들 둘러앉아 성게 까는 세천포구
조카딸 잔치 소식도
숟가락에 묻어난다

이미순
2021년 《시조시학》 신인상
ieemeesoon@naver.com

■ 시 속의 이야기를 찾아서 _ 조영자

일부러 그대 안에 며칠씩은 갇힌다
행원리 어등포구 일곱물이나 여덟물쯤
기어코 월담을 하듯 원담에 든 남방큰돌고래

섬 뱅뱅 돌다보면 거기가 거기인데
마을 장정 서너 명이 내쫓아도 돌아온다
네게도 피치 못할 일 있기는 있나보다

저 달은 하늘에서 들물날물 엮어내고
저렇게 하늘에서 한 생명 거느린다

내 생애 참았던 그 말
물숨이듯 내뿜고 싶다

– 김영순 시인의 「달과 고래」 전문 (2022, 〈시와 소금〉 겨울호)

  구좌읍 행원리 어등포구는 요샛말로 VIP 고객의 성지인가 싶다. 조선 15대 왕이었던 광해군이 인조반정으로 폐위되어 제주도로 유배될 때 이곳 행원에 있는 어등포구로 입항하였다고 한다.
  그런데 요즘은 또 다른 VIP 고객이 찾아온다는 소문이 있다. 행원리 바다에는 '원담'이 있다. 밀물에 들어온 고기들이 썰물이 되어도 빠져 나가지 못하도록 돌을 쌓아서 만든 제주도의 전통적인 자연그물이라 불리는 그것이다. 그러나 삶의 형태가 바뀌면서 지금은 사람들의 관심에서 멀어져 사용법을 잊고 있다. 이 원담에 물이 가득 차는 사리 무렵이면 근처에 사는 여러 종류의 물고기들이 밀물 따라 들어오게 된다. 그리고 썰물이 되어도 돌그물에 갇힌 고기는 나갈 수가 없게 된다.
  그런데 이 행원리 어등포구에 있는 '원담'에 바로 제주남방큰돌고래가 들어온다는 것이다. 그 귀하신 몸이 "기어코 월담을 하듯 원담에 든"다는 것이다. 심지어 마을 장정 서너 명이 달려들어 내쫓아도 다시 돌아온다고 한다. 그마저도 혼자 돌아오는 것이 아니라 동료 몇 명 더 데리고 온다고 한다.

사람의 관점으로는 도무지 이해가 안되어 얼마 전 학자들이 이 특이한 현상을 연구해 보았다고 한다. 전 세계적으로 '멸종위기종'으로 지정되어 귀한 대접을 받는 이 돌고래는 다른 고래들과는 달리 비교적 육지 가까이에서 살아간다고 한다. 밀물따라 원담에 들어온 고기가 썰물이 되어도 빠져 나가지 못하게 되니 이 고기들을 먹이 삼아 제주남방큰돌고래는 일정 기간 그곳에 살게 되는 것이다.

제주의 해안가를 거닐 때는 항상 바다쪽에다 눈을 둘 일이다. 어쩌다 운이 좋은 날에는 '제주남방큰돌고래의 쇼'를 보는 행운을 누릴 수 있으니까.

학자들의 연구로 그 사실이 밝혀졌다 한들 무슨 대수랴. 시인의 눈으로 바라본 그 '원담'에는 달이 저 하늘에서 엮어내는 들물날물이 있을 따름인 것을.

다만 "피치 못할 일이 있어" 거기에 얼마간 머무르며 '쉼'을 얻고 가는 건지도 모를 일이려니. 도시의 삶에 지친 사람들이 제주를 찾아 한달살이를 하며 '쉼'을 얻듯이 고래들도 원담 안에서 한달살이를 하는 건 아닐까. 어쩌면 사람에게만 휴식이 필요한 게 아니라는 듯 저들도 먹이를 찾는 생존경쟁의 치열한 삶을 벗어나 '쉼'을 맛보는 건 아닐까. 시인의 눈에는 그렇게 비치고 있을 따름이다.

"일부러 그대 안에 며칠씩은 갇"혀 있고 싶은 이 환장할

봄날에 행원리 바닷가 원담을 찾아 나설 일이다.

"내 생애 참았던 그 말 물숨이듯 내뿜고"나면 누가 알랴. 거기서 팔딱거리는 시 한 편 건져내게 될지.

그런데 김영순 시인은 어떻게 알았을까. 행원바다 원담에 이렇게 남방큰돌고래가 드나든다는 놀라운 사실을. 그리고 〈달과 고래〉라는 기막힌 제목을 붙여 좋은 작품 한 편을 탄생시켜 우리 앞에 내놓았다는 사실에 큰 박수를 보낸다.

■ 제주를 노래한 시조

고두심 - 박기섭

하례포구의 저녁 - 이정환

사려니숲 - 우은숙

섬의 섬 - 이숙경

제비 - 이태순

봉봉, 한라봉 - 변현상

그리운 제주도 풍경 - 정희경

사라오름 - 조 안

여인들의 섬, 지귀도 - 용창선

순례길 - 정지윤

불란지 - 양희영

고두심* _ 박기섭
– TV를 보다가

1
구룡포 손칼국수
한 그릇을 앞에 놓고
내 어멍 살아생전 그 생각에 눈물이 왈칵,
그러는 고두심 때문에, 그 바람에 눈물이 왈칵,

어멍 가신 뒤에 얼마만의 이 맛인가
한 숟갈 국물 속에 한뉘가 녹아 있다는,
추억은 칼맛이 들어야
제맛이라는… 고두심

2
마루에 홀로 앉아
밀반죽을 밀던 할매
물박달 홍두깨로도 다 못 편 여든 평생
간판도 걸지 못 한 채 곤때 앉은 여든 평생
〉

타버린 심지 끝에 다시 불이 붙는 추억

질러 둔 쇠빗장을 누가 자꾸 흔드는지

그냥은 차마 못 가서

문을 미는… 고두심

* '국민 어머니' 고두심은 제주 출신이다. 계묘년 정초에 드라마 〈동백꽃 필 무렵〉(2019) 촬영지인 구룡포를 찾아갔다.

박기섭 / 1980년 《한국일보》 신춘문예 당선. 시집으로 『키 작은 나귀 타고』 『默言集』 『비단 헝겊』 『하늘에 밑줄이나 긋고』 『엮음 愁心歌』 『달의 門下』 『角北』 『서녘의 책』 『오동꽃을 보며』 등이 있음.

하례포구의 저녁 _ 이정환
−서녘구름

그에게 안녕이라고 인사한 적이 없다
그는 어느 때든 무심하지 않지만
허공에 매달릴 것 같아 딴청을 부렸다

그러나 그는 내 뒷덜미를 툭툭 치며
연신 돌아볼 것을 무시로 강권했다
노을에 빨려든 그의 퍽 익살스런 행패

서으로 가야겠다 서에 오래 머물겠다
그런 혼잣말 끝없이 되뇌는 동안
서귀포 서녘구름은 동녘으로 몰렸다

아직은 아니다 좀 더 오래 지켜보라
별빛의 속삭임 귓전을 맴돌 무렵
파도가 휘몰아치며 하례포구를 때렸다

이정환 / 1981년《중앙일보》신춘문예 당선. 시조집『코브라』외 다수. 산문집『내 노래보다 먼저 산을 넘은 그대』.

사려니숲 _ 우은숙

눈을 뜬
숲 언저리
저녁이 둘러앉아

두고 온
당신을
달이라 부른다

속눈썹
짙은 그리움
심장이 익기까지

우은숙 / 경희대학교 대학원 졸업(문학박사). 1998년 《동아일보》 신춘문예 당선. 시집 『물무늬를 읽다』, 『그래요, 아무도 모를 거예요』 외 출간. 평론집 『생태적 상상력의 귀환』 출간. 중앙일보시조대상 신인상, 김상옥시조문학상 수상. 한국시조시인협회 부이사장, 역류 동인

섬의 섬 _ 이숙경

들랑대는 된바람 한바탕 몸을 풀려나
바닷길 지워지고 하늘길 닫혀가는데
남으로 문을 연 포구 거먹구름 가득하네

그 섬에 닿고 싶어 범섬 배지느러미에
그 섬을 품고 싶어 섶섬 가슴지느러미를
사나흘 격랑 속에서 섬을 붙드네, 서귀포

이숙경 / 2002년 《매일신문》 신춘문예 등단. 대구시조문학상. 올해의 시조집상. 시조집 『파두』 『까막딱따구리』 현대시조 100 인선 『흰 비탈』.

제비 _ 이태순

쉿! 저기 봐
제비가 새끼를 품고 있어

밥 냄새가 번지는 서귀포 어느 저녁

처마 밑 세 들어 사는
몸 부비는 저 식솔

이태순 / 경북 문경 출생. 2005년 《농민신문》 신춘문예 당선. 오늘의시조시인상, 중앙시조대상 신인상 수상. 오늘의시조문학상. 시조집 『경건한 집』, 『따뜻한 혀』, 『한 끼의 시』 현대시조100인선 『북장을 지나며』

봉봉, 한라봉 _ 변현상

한라봉을 까먹으며 봉 먹는 줄 모르다니

　기회다 영끌이다, 아파트가 봉 된다는 봉이야! 봉 잡아라! 봉에 빠진 숱한 봉들 처음엔 탱자였지 아니 유자였었나 탱자가 유자였고 유자가 탱자라는 날뛰는 헛소문 따라 귀 확 열린 저 봉들 감귤이 한라봉이란 설법을 믿은 거니? 진화는 과정이 아냐 피와 땀과 눈물이지 투기가 투자되는 그런 세상 꿈꾸었니? 택배로 온 그 한라봉, 뭍으로 치면 대봉(大峯)인데 봉 먹으며 봉을 찾는 봉이 된 청맹과니

　그래서 봉은 잡았니? 봉이라고 다 봉이니?

변현상 / 2007년 계간《나래시조》신인상으로 등단. 2009년《국제신문》《농민신문》신춘문예, 제36회 중앙시조대상 신인상, 부산시조 작품상 수상. 시조집『차가운 기도』『툭』외

그리운 제주도 풍경* _ 정희경
– 태현, 태성에게

오늘도 바닷물이 한가로이 잔잔하다
우르르 몰려드는 게들이 보이느냐
섶섬이 수평선으로 문섬을 끄는구나

감귤 색을 닮았구나 아늑한 초가지붕
전쟁의 포화 소리 파도가 밀어내고
집게발 시간을 물고 짙은 해무 걷히네

간간이 돛단배는 아득히 멀어지고
게들의 거품 같은 너희들 웃음소리
두 손에 잡힐 듯 안길 듯 그리운 서귀포

*이중섭 그림. 종이에 잉크. 1954년 추정. 35×24.5cm

정희경 / 2008년 전국시조백일장 장원과 2010년《서정과현실》로 등단. 시조집『지슬리』『빛들의 저녁시간』『해바라기를 두고 내렸다』. 평론집『시조, 소통과 공존을 위하여』. 가람시조문학신인상, 오늘의시조시인상 등 수상

사라오름 _ 조 안

더는 참을 수 없어 터지고 솟구쳤나
솟구쳐 흐르다 굳어 돌덩이가 되었나
천 년을 닳고 닳으며 바닥에서 기다렸나

일 년에 단 며칠은 차고도 넘치면서
산정山頂 그득한 물에 그대 마음 비치어
가까이 들여다보려고 물속을 걸어보네

많은 올챙이 중에 너 하나 다가와
발가락 간질이네 옴찔 나 놀라네

알아요, 당신이군요
천 년 뒤에 만날 우리

조 안 / 2012년《유심》등단, 시조집『지구에 손그늘』

여인들의 섬, 지귀도 _ 용창선

바다 위에 널빤지 깐 원시의 섬이 있지.
억새를 덮고 깔아 뚝딱 한 채 집을 지은
태양도 부지런한 오월, 보름 삶이 숨차다.

지귀의 바다가 심고 물살들이 애써 키운
삼단 같은 돌미역과 구슬방울 엮은 톳들
사계절 해초꽃들이 목숨처럼 피어난다.

톳 포대 등에 지고 이승 자식 먹인 모성
무릎에 붙인 동전, 지문처럼 닳아가고
풍파 속 현무암들이 골다공증 앓고 있다.

용창선 / 2015년 《서울신문》 신춘문예 등단. 젊은시인상(2021). 시집 『세한도歲寒圖를 읽다』(2019), 연구서 『고산 윤선도시가와 보길도 시원연구』(2003) 외 4권. 현 목포시조문학회 회장.

순례길 _ 정지윤

멀리서 종소리
꽃나무를 흔든다

능선을 자르며 떨어지는 꽃잎들

꽃들이 떨어질 때마다
새들이 날아오른다

도저히 알 수 없는
노래가 출렁거린다

언제나 나에게만 들리던 그 노래

망초가 하얗게 흔들리고
시간이 우거져 있었다

정지윤 / 2016년 《동아일보》 신춘문예 등단. 시조집 『참치캔 의족』

불란지 _ 양희영

청수리 곶자왈로
반딧불이 찾아간다

캄캄한 더듬길에
소리도 불빛도 끄고

내 어둠
거두어 가는
그 웃뜨르 꽁지불

양희영 / 충북 음성 출생. 2017년 《좋은시조》 신인상. 시집 『물슬천의 아침』

■ 정드리 창에 비친 좋은 시조 10선

여백 - 정수자

시래기의 힘- 우은숙

소금쟁이 - 이애자

이상기후 - 이송희

줌인(Zoom In) - 한분옥

기왕 - 김수환

결 - 공화순

봄눈, 밤눈- 이토록

별빛의 말 - 김태경

동문아리랑 1 - 김현진

여백 _ 정수자

백석 편에 숨겨 놓은 애인의 심화처럼

저음의 행간마다 눈썹 시린 여진은

때 없이 애가 마르는 통영 어느 물살 같아

돌아올 길 아예 잃은 무지외반 탁발처럼

먼물에도 자분자분 귀밑 세는 여진은

바람의 여음을 짚다 혀를 데인 풍경(風磬) 같아

― 《시조미학》 2022, 가을호

【시작노트】

하염없어 더 그리운

 여진에 오래 끌렸다. 사랑하는 사람의 이름처럼. 그 이름이 어르는 은미한 떨림처럼. 저물 무렵 혹 끼치는 그늘의 어슴푸레 문양처럼. 혹은 거문고의 농현(弄絃), 그 안팎에 일렁이는 울림과도 같이.

 무릇 마음의 울림들을 여진으로 모아본다. 강진의 뒤끝 여진은 파괴니 지우고. 좋은 시의 여진은 잘 버린 여백들의 민무늬 울림을 품는다. 백석 시집에서도 슴슴한 국수며 흰 눈의 낙수 같은 여진을 종종 만난다. 백석 하면 떠오르는 통영여자 때문인지, 눈썹 시린 쪽빛물살의 떨림에도 간혹 흔들린다.

 그럴 때 받드는 하염없는 여진은 하릴없어 좋다. 그냥 아무데나 나가보고 퉁겨보는 마음의 짓들. 마음으로 번어볼 데야 너무 많지 않은가. 그렇게 떠나는 마음이야말로 먼물에 귀밑 세는 여진이 아니랴. 아픈 무지외반 달래며 나서는 여진의 탁발이 아니랴. 바람에 울렁이는 풍경(風磬)이든 바람의 율려이든. 그렇게 바람의 무늬를 읽다 혀를 데는 여음 여진 아래 몸을 기울인다.

 모호한 아름다움, 그 자체로 아름다운 여진. 언어의 진폭으로 파생되는 숱 많은 여진을 그려본다. 나의 여진, 멀어서 더 그리운…

시래기의 힘 _ 우은숙

행여, 기죽지 마라
환절기 몸살이다
맨 처음 네 입술이
세상 향해 삐죽일 때

성급히
너를 잊고자 흰 눈을 기다렸다

그 겨울 오고
곤궁해진 오후 2시
행여 기죽지 마라
너는 새로 태어난다

뜨겁게
몸 던진 순간 함박눈이 내린다

대붕의 날갯짓으로
세계를 받치던 힘

이제는 실직 앞에
허공 품는 시래기지만

절대로
기죽지 마라
당신은 아·버·지·다

- 《전북시조》 2022, 창간호

【시작노트】

  한 남자의 등뒤에 새겨진 그의 오래된 발자국을 읽는다.
  시래기를 삶던 남자는 어느새 시래기와 하나가 된다. 푸르던 무청이 시들해지듯 세계를 책임질 것만 같던 남자의 어깨도 서늘해져만 간다. 길의 끝 지점이라 생각했다. 그림자마저 등 돌리는 오후라 생각했다. 실직당한 남자의 동선을 가만히 뒤쫓아 가본다. 아버지라는 이름의 남자는 너무 쉽게 주저앉을 수 없었을 것이다. 쉽게 포기할 수도 없었을 것이다.
  가난한 계절의 오후지만 한순간 펄펄 끓는 솥 안으로 함박눈이 내린다. 그 순간 남자와 시래기는 뜨겁게 다시 태어나고 있었다.

소금쟁이 _ 이애자

몰입이 무섭네요
각 잡힌 스텝 보세요

달리 쟁이겠습니까만
조력자가 있네요

그대의 그림자가 늘
물밑을 괴고 있네요

- 《시와 소금》 2022, 겨울호

【시작노트】

   비온 뒤 공터에 작은 웅덩이가 생겼습니다. 잡풀들을 초록초록 씻기고 진흙탕이었던 웅덩이에 맑은 눈이 생겼습니다. 웅덩이란 볼록렌즈는 지상의 많은 것들을 담아냅니다. 하늘이 있고 구름이 흘러가고 그 위로 나뭇잎이 사공도 없이 떠 있습니다.
   참 이상합니다. 생각 없이 있다가 생각으로 들어 와 생각을 키우는 것은 늘 작은 것들입니다. 웅덩이에 소금쟁이가 오늘을 주목합니다.
   물위를 자유자재로 걸어 다니는 소금쟁이, 두 손 두 발 제 그림자와 맞대어 밟고 있는 스텝이 너무도 가볍습니다. 몰입은 몰입을 불러옵니다.
   세상에 혼자는 없습니다. 혼자 일 때는 있겠지요. 지켜봐주고, 기다려주고, 격려해주고, 무언가 해 낼 수 있는 것은 말없이 받쳐주는 누군가의 도움이 있기 때문일 겁니다. 웅덩이를 보는 순간 맑은 하늘도 멋진 구름도 아닌 소금쟁이가 내 시의 조력자가 되었습니다.

이상기후 _ 이송희

액정 나간 핸드폰을 수리점에 맡긴 날

당신의 번호가 떠오르지 않아서

막연한 숫자 누르다
낯선 이름 불렀지

빈 화분 머물다 간 빛바랜 바람 소리

먼지 낀 창문들이 기억을 들춰내면

길 건너 풍경 하나가
지워지는 중이야

뼈마디 맞추느라 우린 오래 흔들렸지

죽은 듯 잠든 시계,
오늘은 몇 일인가

〉
냄비엔 펄펄 끓다가
식어버린 혼잣말

― 《시조시학》 2022, 가을호

【시작노트】

　근래 기후변화에 관심이 많아졌습니다. 폭우와 폭설, 가뭄 등으로 전 세계가 몸살을 앓는 것을 보면서 20~30년 이내에 대재앙이 닥칠 우리의 미래를 떠올려 보았습니다. 2053년의 대한민국을 담은 다큐 《고래먼지》는 곧 우리가 마주할 재난이 될지도 모른다는 강한 경각심을 주었습니다. 과학 문명의 발달에도 인류는 단 한 가지 난제인 기후 문제를 해결하지 못해 비극을 맞게 될 것이지만 돌이켜 보면 이러한 재앙은 인류가 자초한 것입니다. 기후변화에 대한 관심을 현대인들의 몸에 찾아온 이상기후로 옮겨 보았습니다. 우리가 우리의 심신을 함부로 다뤄서 우리의 면역 체계가 무너지면 결국 우린 질병과 고통에 시달리다가 무너지고 맙니다. 마찬가지로 이상기후는 자연이 우리에게 던지는 경고입니다.

줌인(Zoom In) _ 한분옥

지친 잠의 머리맡에 너를 맡겨 놓고
어느 자오선을 밀 거냐 당길 거냐
먼 날의 신접살림에
나 하나의 달로 떠서

너와 나 사이에 하 세월의 강은 흘러
날숨이 긴 날이면 종일토록 맴을 돌다
폭 삭은 애간장 두고 생손톱을 깎느니

창밖 북두성이 귀엣말을 건네더니
가까이 당길수록 네 목소리 들리는 듯
짧아서 봄밤이더냐
나 네 곁의 달로 떠서

− 《좋은 시조》 2022, 가을호

【시작노트】

　달에 안테나를 꽂는 순간 딸은 달려 나와 언제나 이 엄마의 부름에 응답해 줍니다.
　지구 반대편 미국 센프란시스코에서 화가로 활동하는 큰 딸의 집에서 바라보던 그 달을 울산에서 봅니다.
　울산의 봄밤은 딸의 봄 낮이라 통화하기가 좋습니다.
　사랑하는 딸 가족을 그리며 자주 못가는 안타까움에 항상 목이 마릅니다.
　달보고 별보며 그때마다 달에나 별에 안테나를 세웁니다.
　딸은 어김없이 달려 나와 미주알고주알을 캐다가 팝니다.
　그러면 별 수 없이 비싼 달러를 지불하고도 사고 맙니다.
　그러한 관계협약을 맺은 오래된 사이입니다.

기왕 _ 김수환

기왕이라는 왕 있었네
슬픈 왕이 있었네

이래도 저래도 슬플 뿐인 거였다면
그 세월 나랑 기쁘고 나하고 슬프지

어차피 빈 배로 갈 거 같았으면
먼지같이 가볍게 그늘같이 숨어 있을
나 태워, 없는 듯 있는 듯 나를 좀 데려가지
한 겨울 마음만 남아 눕지도 못하는
마른 풀처럼 외로울 거면 나하고 외롭지
곧 녹을 숫눈과 같이 사랑할 거면 나랑 하지

그도 저도 아니면 징표라도 주고 가지
어느 날 아무 때 목줄 하나 주고나 가지

나와는 멀고 먼 폭군
기왕이라는 왕이 있었지

- 《공정한시인의사회》 2022, 7월호

【시작노트】

1

떨리는 그 4월의 가는 손가락을 미지라고 불렀다
민들레 하얀 이마가 일생 쳐다보는 나라를,
어느 날 홀연히 흔드는 손을,
가다가 가다가 보이지 않게 되는 그 가뭇없는 지점을 미지라고 불렀다
아무르강 모래들의 발자국 같은,
바빌론강을 돌아가는 이별 같은,

매일 만나고도 매일 헤어지는 것을
매일 잊으면서도 매일매일 그리워하는 것을 미지라고 부른다

2
주긴 뭘 줘 이 병신아!

결 _ 공화순

아무리 들여다봐도
알 수 없는 무늬들

나무의 결 같기도 하고 물의 흐름 같기도 하고
지나온 시간의 부름켜, 누군가의 궤적 같은

어쩌면 내 안에도 수많은 흔들림이
흐르다가 멈추며 몸을 켜고 있겠지

결이 더 치밀할수록
그 속은 난해하다

- 《시와문화》 2022, 봄호

【시작노트】

어느 날 토분을 재료로 갈색을 긁어 여러 단계로 나타낸 젊은 작가의 그림을 보게 됐다. 자연의 경계에서 각각의 영역을 지키는 사물의 존재를 깨닫고 독특한 무늬로 나타낸 작품이 마음을 사로잡았다. 자연이 부여한 질서대로 서로의 영역을 침범하지 않으면서 자신만의 세계를 구축해가는 시간의 모양이 "결"을 이루고 순하게 조화를 이루고 있다는 것을 새롭게 인식했다.

나무의 무늬도, 물의 흐름도, 사막의 모래도, 바람의 방향대로 몸을 바꾸며 형태를 만든다. 끊임없이 흔들리면서도 순리에 거스르지 않기 때문에 아름답다. 그것은 어쩌면 내 안에 수없이 흔들리고 요동치다 흐르는 나의 움직임과 크게 다르지 않을 것이다. 켜켜이 쌓여가는 무늬를 어떻게 표현할 수 있을까 늘 고민한다. 그리고 끊임없이 내 것의 무늬를 만들며 오늘도 흔들리는 중이다.

봄눈, 밤눈 _ 이토록

이 상처는 덧나서 꽃으로 필 것이다

골목을 서성대는 비천한 미련들아
찢어져 펄럭거리는 마음의 비닐들아

너를 할퀸 살점이 손톱 밑에 박힐 때
고통이 없었다면 난 아물지 못했다
가슴에 긴 고드름을 꽂던 밤이 있었다

아직도 발자국은 바닥을 후벼파고
담벼락 틈새마다 잠꼬대가 들린다

치명에 안부를 묻는, 이 소란한 침묵들

- 《나래시조》 2022, 봄호

【시작노트】

어떤 상처는 꽃으로 핀다. 아니, 필 것을 기대한다. 이 계절의 마지막일 수 도 있는 함박눈이 내렸다. 밤눈이, 봄눈이 내렸다. 흩날리는 눈송이는 허공으로 떠올랐다, 마음의 바닥을 후벼 파는 그대의 발자국 소리가 들리는 것 같았다.

그랬다. 가슴에 긴 고드름을 꽂던 밤이 있었다. 그런 밤, 골목에는 아직도 그대의 잠꼬대도 들렸다. 그러나 난 아프지 않았다. 상처를 아물게 했던 것이 고통이었음을, 찢어져 펄럭거리는 비닐들이, 그 마음들이 눈송이와 함께 찬 이마에 내려앉았다.

봄눈은, 밤눈은 소란스럽게 날아든다. 그 소란스러움은 오히려 침묵에 가깝다. 그런 이치는 '목숨이 끊어질 지경에 이르는' 순간에 비로소 깨닫게 되는 것은 아닐까. 그런 것은 아닐까, 그대에게 묻는다.

별빛의 말 _ 김태경

슬픔의 친구들은 몇 호에 살고 있을까?

유리 아파트는 사계절이 겨울이었다

오늘도 유리된 사람이
몸의 불을 끄고 있다

별빛은 모음으로 이루어진 독백이다

네게 가면 독백은 고백처럼 환해진다

별빛은 36.5도
말에는 온기가 돈다

별빛이 다치고 닫힌 유리문을 통과한다

안부는 누군가의 혼잣말을 눈 뜨게 하고
〉

차갑던 슬픔의 파편도
별이 되어 흩어진다

- 시집 『액체 괴물의 탄생』 2021(시인동네)

【시작노트】

단절된 공간은 겨울처럼 춥습니다.
단절된 관계에는 따뜻함이 없습니다.
슬픈 사람들은 홀로, 밤하늘을 봅니다.
외로움이 모여 별빛을 만듭니다.

별빛은 엄마의 음성처럼 따뜻합니다.
따뜻함은 나의 말에 있어야 할 것입니다.
말속 온기는 당신에게 전해져야 합니다.
유리된 당신에게 닿는 것은 별빛이어야 합니다.

다친 당신의 마음을 어루만지고 싶습니다.
다친 나의 마음을 어루만져주길 바랍니다.
그러면 슬픔의 파편이 몸을 바꿔
또 다른 외로움에게 별빛이 되어줄 것입니다.

그런 환상을 여전히 믿고 있습니다.
믿음은 닿기 어려운 이상에 있습니다.

동문아리랑 1 _ 김현진

까만 손톱으로 하얗게 깐 쪽파 몇 줌
그 옆에 마른 고사리 오분작도 한 접시
맨바닥 봉다리 행렬 아리아리 동문시장

장사가 뭐 별건가 궤짝만 엎으면 되지
명함 한 장 내밀듯 간판마다 고향 이름
"상 갑써, 싸게 줄랑께" 반반 섞인 사투리

나는야 서울 토박이 어쩌다 흘러와서
'오메기' 뜻도 모른 채 오메기 오메기떡장수
아리랑 동문 아리랑 내 곡조도 섞인다

- 《시와소금》 2022, 봄호

【시작노트】

제주시를 관통하는 젖줄 같은 산지천, 그 끝자락에 동문시장이 있습니다.

그 옛날 배를 타고 무작정 제주로 온 무산자들은 그곳에 그저 궤짝 하나 엎어놓고 장사꾼이 되었습니다. 푸성귀며 바닷고기를 올려놓고, 솜씨 좋은 이는 국밥이라도 말아 팔았겠지요.

세월이 흘러 동문시장 그 길엔 관광객이 넘쳐 흐르고 고향 이름을 번듯하게 내 건 상점들이 즐비합니다. 하지만 아직도 길바닥엔 아침에 뜯은 푸성귀를 파는 할망들이 있고, 후미진 골목엔 대를 잇는 국숫집이 있습니다. 산지천을 따라서 삶이 흐릅니다.

그 옛날의 그들을 따라 저도 어쩌다 이 시장에 흘러들었습니다. 저는 또 무슨 사연으로 이곳에 왔을까요? 어떤 소명이 있는 걸까요?

이제 동문시장의 이야기를 풀어보려 합니다. 그렇게 나의 아리랑을 불러보렵니다.

■ 정드리 창에 비친 시조 10선 해설

사람과 사랑을 버티는 새벽 너머, 오고야 말 봄빛 리허설

이명숙

슬픈 이 계절 운행하는 시조의 원형 포옹하며 다급한 비명 침묵하며 최초의 별보다 부신 빛줄기와 접속하다.

[1]

포스트 휴머니즘이 영역을 넓혀가 사람의 경계가 무너지고 인간은 이제, 중심적이지 않다.
인간적이기 몹시 어려운 비대면의 시대도 지나가고 있지만 외부의 위험에 노출된 채, 다시 위험해지긴 싫다.

보이지 않는 기가 센 적들의 전쟁에서 살아남기 위해 아름다움을 찾아 떠나는 여정.

[2]

> 백석 편에 숨겨 놓은 애인의 심화처럼
>
> 저음의 행간마다 눈썹 시린 여진은
>
> 때 없이 애가 마르는 통영 어느 물살 같아
>
> 돌아올 길 아예 잃은 무지외반 탁발처럼
>
> 먼물에도 자분자분 귀밑 세는 여진은
>
> 바람의 여음을 짚다 혀를 데인 풍경(風磬) 같아
>
> — 정수자, 「여진」 전문

나는 왜 여진, 이 에로틱하게 읽힐까.
멀어 더 시리고 애 마르는 소녀의 설렘이 느껴질까.
상상 속 추억처럼 계보가 아닌 단절 속에서 더 으늑한 파동이 피어날까.
텅 빈 종소리 탑재한 울컥 피었다 지는 꽃잎처럼
질병사한 시간에 대한 레퀴엠이 들릴까.

아름답고 고적하다, 지금 이 시간….

행여, 기죽지 마라
환절기 몸살이다
맨 처음 네 입술이
세상 향해 삐죽일 때

성급히
너를 잊고자 흰 눈을 기다렸다

그 겨울 오고
곤궁해진 오후 2시
행여 기죽지 마라
너는 새로 태어난다

뜨겁게
몸 던진 순간 함박눈이 내린다

대붕의 날갯짓으로
세계를 받치던 힘
이제는 실직 앞에
허공 품는 시래기지만

절대로
기죽지 마라
당신은 아 · 버 · 지 · 다

- 우은숙, 「시래기의 힘」 전문

시래기란 이름은 쓰레기에서 유래했다는 설이 있다.
하지만 기죽을 리 없다

가난의 창가에 매달려 함박눈의 정기를 옮겨 적었으니
저렴과는 다른 얼굴로 제2의 생을 사느니….

고통을 감내하고 다시 사는 독수리처럼
우리의 아버지처럼

사람이 멋대로 가져다 붙인 이름이지만 시래기는 기죽지 않는다.

　　　몰입이 무섭네요
　　　각 잡힌 스텝 보세요

　　　달리 쟁이겠습니까만
　　　조력자가 있었네요

　　　그대의 그림자가 늘
　　　물밑을 괴고 있네요

　　　- 이애자, 「소금쟁이」 전문

각자의 자리에서 최선을 다해야 아름답다 할 수 있겠지만
자폐적으로 욕망하는 세상이 먼저 와 완성되지 않는 나선을 보는 슬픔이 수면을 친다.

물 위에 떠 있어야 하는 불편을 불편으로 보긴커녕
쟁이, 에 머무는 가을물처럼 맑고 깊은 시인의 시선에 갈채를 보낼 밖에.

그림자조차 조력자로 읽는 확장된 마음의 풍요에 손 얹으며….

> 액정 나간 핸드폰을 수리점에 맡긴 날
>
> 당신의 번호가 떠오르지 않아서
>
> 막연한 숫자 누르다
> 낯선 이름 불렀지
>
> 빈 화분 머물다 간 빛바랜 바람 소리
>
> 먼지 낀 창문들이 기억을 들춰내면
>
> 길 건너 풍경 하나가

지워지는 중이야

뼈마디 맞추느라 우린 오래 흔들렸지

죽은 듯 잠든 시계
오늘은 며칠인가

냄비엔 펄펄 끓다가
식어버린 혼잣말

— 이송희, 「이상기후」 전문

기후뿐이랴,

오늘도 사물이 된 기분 모른 척 하지만 문명의 눈부심으로 인해 불안이 불안을 쌓는 날들이 많다.

휴대폰 없이 노트북 없이 나도 없음, 은 누구나 아는 일.

외로움, 에게 말 걸고 싶은 날이다.
우리, 밥 먹으러 갈까?

사람을 사랑을 새로 발견하고 싶다.

지친 잠의 머리맡에 너를 맡겨 놓고
어느 자오선을 밀 거냐 당길 거냐
먼 날의 신접살림에
나 하나의 달로 떠서

너와 나 사이에 하 세월의 강은 흘러
날숨이 긴 날이면 종일토록 맴을 돌다
푹 삭은 애간장 두고 생손톱을 깎느니

창밖 북두성이 귀엣말을 건네더니
가까이 당길수록 네 목소리 들리는 듯
짧아서 봄밤이더냐
나 네 곁의 달로 떠서

— 한분옥, 「줌인(Zoom In)」 전문

우리 모두 달의 주민이다.
좋음 반 나쁨 반, 인 새로운 현실은 그리움에 적극적이다.
당겼다가 놓았다가
달빛 싱싱한 날의 소통은 성인이 된다.

모든 세계가 가깝다.

마주 앉은 듯이 화끈한 봄밤, 이런 사랑

두 팔 안에 널 가두고 글썽이는 행복, 좋구나!

아무리 들여다봐도
알 수 없는 무늬들

나무의 결 같기도 하고 물의 흐름 같기도 하고
지나온 시간의 부름켜, 누군가의 궤적 같은

어쩌면 내 안에도 수많은 흔들림이
흐르다가 멈추며 몸을 켜고 있겠지

결이 더 치밀할수록
그 속은 난해하다

- 공화순, 「결」 전문

지나간 것들의 흔적이다.
꿀을 따는 꿀벌처럼 인생의 꿀을 따며 부르는 노래 노동요를 듣는다.
거창하지 않아도 좋다. 눈물 돋아 더 정이 간다.

한 뼘씩 자란 진실의 무늬들,
해석하지 못해도 좋다.

삶은 아직도 흐르는 중이니까….

슬픔의 친구들은 몇 호에 살고 있을까?

유리 아파트는 사계절이 겨울이었다

오늘도 유리된 사람이
몸의 불을 끄고 있다

별빛은 모음으로 이루어진 독백이다

네게 가면 독백은 고백처럼 환해진다

별빛은 36.5도
말에는 온기가 돈다

별빛이 다치고 닫힌 유리문을 통과한다

안부는 누군가의 혼잣말을 눈뜨게 하고

차갑던 슬픔의 파편도
별이 되어 흩어진다

– 김태경, 「별빛의 말」 전문

우리 어쩔 수 없이 세월을 정주행할 수밖에 없다.
사계절이 겨울이라 한들 계속될 뿐
사물과 사물 사이가 먼 날들이 수두룩하다.

별들이 자신의 혼잣말을 지구와 공유하는 시간
별빛처럼 환해지는 외로움

어둠이 익어갈수록
내 안의 타인과 접촉하는 횟수 잦아질수록

별빛은 별이 되는 이치, 시인의 증명이다.

    이 상처는 덧나서 꽃으로 필 것이다

    골목을 서성대는 비천한 미련들아
    찢어져 펄럭거리는 마음의 비닐들아

    너를 할퀸 살점이 손톱 밑에 박힐 때
    고통이 없었다면 난 아물지 못했다
    가슴에 긴 고드름을 꽂던 밤이 있었다

    아직도 발자국은 바닥을 후벼파고
    담벼락 틈새마다 잠꼬대가 들린다

> 치명에 안부를 묻는, 이 소란한 침묵들
>
> — 이토록, 「봄눈, 밤눈」 전문

상처가 덧나서 꽃으로 피기까지 어둠은 잠들지 못했을 것이다.

여린 불안이 아픔 꾹꾹 눌러 참으며 나는 아프지 않다, 나는 아프지 않다.
주문을 외우던 그때, 모순되게도 행복했던가.

동기 부여 없이 균형을 잡아야 했던 비수의 은날은 그의 운명 받아들였을 뿐 물자국은 생기지 않았지만

어느덧 그리움의 영역이 된 그의 안부를 묻는 침묵이 소란하다.

> 기왕이라는 왕 있었네
> 슬픈 왕이 있었네
>
> 이래도 저래도 슬플 뿐인 거였다면
> 그 세월 나랑 기쁘고 나하고 슬프지
>
> 어차피 빈 배로 갈 거 같았으면

먼지같이 가볍게 그늘같이 숨어 있을
나 태워, 없는 듯 가지 나를 좀 데려가지
한겨울 마음만 남아 눕지도 못하는
마른 풀처럼 외로울 거면 나하고 외롭지
곧 녹을 숫눈과 같이 사랑할 거면 나랑 하지

그도 저도 아니면 징표라도 주고 가지
어느 날 아무 때 목줄 하나 주고나 가지

나와는 멀고 먼 폭군
기왕이라는 왕이 있었지

— 김수환, 「기왕」 전문

지나가 다 지나가, 이미 지나가 버린
아무것도 할 수 없는 왕이다.

슬픔만이었으랴
남은 것 남길 것 기왕지사 무슨 소용이랴

지나간 사랑이라 더 애틋하고 애
터지는 것을
외로움 휘젓는 아름다운 기억인 것을

잡은 숨 놓치지 않은 여기는 폭군의 금지구역!

살아 더 좋다는 말, 유효한….

    까만 손톱으로 하얗게 간 쪽파 몇 줌
    그 옆에 마른 고사리 오분작도 한 접시
    맨바닥 봉다리 행렬 아리아리 동문시장

    장사가 뭐 별건가 궤짝만 엎으면 되지
    명함 한 장 내밀듯 간판마다 고향 이름
    "상 갑써, 싸게 줄랑께" 반반 섞인 사투리

    나는야 서울 토박이 어쩌다 흘러와서
    '오메기' 뜻도 모른 채 오메기 오메기떡장수
    아리랑 동문아리랑 내 곡조도 실린다

    – 김현진, 「동문아리랑 1」 전문

정겨움 깊은 만큼 아릿아릿 쓸쓸하다.
  삶이 원래 그리 녹록하진 않은 법, 더구나 타향이야 말해 뭐하랴.

  가끔 실리는 사색의 곡조가 맨바닥을 들어 올린다.
  사투리 몰라도 오메기 뜻 몰라도 살아가는데, 일없다.

어느 시간의 기억이 오늘의 진실 버티게 하는지
어쩜 오염되지 않은 막연한 믿음 있어
오랜 전통 이어받은 오늘을 파,는 건지도….

[3]

이슬 맛 눈물 맛 시조를 읽고 고전처럼 그윽한 밤, 한 장

시인은 시인의 자리에서 고민하고 마음을 부려 놓고
　별빛 달빛 하나로 비현실적 접속을 시도한 3장 6구의 심장을 알 것 같은 기분, 한 장

치열한 시작의 기분이 전해져 정형, 이라는 본성이 무색하리만큼 창조적인 행보에 환호하며 감사, 한마음 섞으며….

시조의 내일을 상상하는 즐거움은 덤! 이었음을 고백한다.

이명숙 / 2014년 《영주일보》 신춘문예 당선. 2014년 《시조시학》 등단. 시조집 『썩을,』 현대시조100인선 『강물에 입술 한 잔』, 『튤립의 갈피마다 고백이』. 시조시학 젊은시인상 수상.

■ 오승철의 시 읽기

풍경을 보는 시선, 나를 찾는 여정(旅程)

허상문

1. 들어가며

　오승철 시인이 여섯 번째 시집 『다 떠난 바다에 경례』를 발간했다. 이제 그의 문학적 성취는 우리 시조 시단(詩壇)에서 일정한 경지를 이룬 것으로 보인다. 이것은 단순히 그가 여섯 번째 시집을 발간했다거나 한국 시조계의 주요 문학상을 수상했기 때문만은 아니다. 오승철 시조가 이룬 시적 업적은 우리 시단에서 새롭게 기록되어야 문학사적 성취로 보이기 때문이다.
　현대시조가 출발한 지 어언 백여 년이 되었다. 그동안 많은 사람의 노력으로 한국 문학사에서 시조의 자리와 역할을 인정하지 않을 수 없는 단계에 이르렀다고 할 수 있다. 그럼에도 불구하고 시조 문학의 현장에서 시대 의식과 서정성의 조화를 통해 좋은 시조를 쓴다는 것은 결코 쉬운 일이 아니었다. 더욱이 우리 시조는 정교한 정형성을 시적 형식으로 구현해야 한다는 점에서 더욱 그러하다. 그동안 몇몇 평론가들이 지적해 왔듯이, 오승철의 시는 주로 고향 제주를 하나의 세계로 상정하고 이곳에서 삶과 존재의 의미를 구명하고자 하는 현실주의적 관점을 강하게 드러내었다. 이런 평가는 오승철의 시가 조화로운 공동체로서의 전통적인 시골의 풍요로웠던 삶을 기억하는 방식을 통해, 그리고 그 속에서 상실되고 부재하는 것으로부터 그리움을 이끌어내는 방식을 통해 삶과 존재의 모습을 보여주고자 하는 시인의 의지를 반영하는 논리일 것이다. 그렇다는 것은 오승철의 시에서 전통적·토속적 요소(로컬리티)가 강렬하게 나타나고 있으며 이것이 그의 시작에 중요한 의미를 부여하고 있다는 사실을 의미한다.

오승철의 시에 나타나는 이러한 시적 의의에 대해서는 별도의 체계적인 논의를 요하는 것이지만, 무엇보다 주목할 것은 오승철 시인은 제주의 삶과 인간의 모습을 특유의 은유와 상징이라는 언어의 모습으로 제시하면서 삶의 현실에 대한 성찰을 펼쳐왔다는 사실이다. 그리하여 그는 진솔함과 인간애를 바탕으로 우리가 사는 세상의 아픔과 슬픔을 위무하고자 노력해왔다. 친숙하고 맛깔나는 언어와 우리 가락에 바탕한 정한을 담아 시대의 아픔을 서정적 민중 시조로 승화시켜옴으로써 전통 양식과 현대적 감각의 조화로 시조 미학의 당대성을 담지하는 길을 걸어왔다고 할 수 있다. 요컨대 오승철은 전통적 서정을 바탕으로 한 삶과 자연에 대한 관조를 바탕으로 우리 시단에 새로운 성취를 이룬 시인임이 분명하다.

오승철의 시에 대한 이런 평가에 우리가 동의한다면, 그동안 그의 시조가 우리 시단에 거둔 일정한 성취와 함께 한국 현대시조 문단에서 그의 위상도 새롭게 쓰여져야 할 것이다. 박재삼 시인은 "시조를 말할 때 가람[이병기]과 노산[이은상]을 말하고, 뒤를 이어 초정[김상옥]과 호우[이호우]를 들고, 그다음에 백수[정완영]를 내세우는 것이 상식처럼 되어 있다."고 말한 적 있다. 이어서 "이것은 현대시조의 초창기, 계승기, 완성기와 다르지 않으며, 시조의 초장, 중장, 종장과 비슷한 것"이라고 했다. 그렇다면 이제 현대시조사에서 오승철의 위치는 현대시조의 완성기의 끝자락에 서 있다고 평가될 수 있다. 문학 이론가 르네 웰렉의 이야기대로 "문학사는 다시 쓰여지기 위해서 있는 것"이다. 역사가 현재의 관점에서 새롭게 인식되고 평가되어야 하듯이, 문학사도 현재적 시점에서 끊임없이 재평가되고 재정초되어야 할 것이다.

우리 시조 문학사에서 오승철 시인의 올바른 자리매김을 위해서는 또 다른 통시적 논의가 필요한 것이지만, 어쨌든 이글에서는 오승철 시인의 여섯 번째 시집 『다 떠난 바다에 경례』을 통하여 그의 시가 보여주고 있는 또 다른 시적 변주와 특성을 살피고자 한다.

2. 풍경을 보는 시선-보는 주체와 말하는 주체

 근대 이전의 시 텍스트들은 소리(청각)의 세계와 시각의 세계가 강하게 결속되어 있었다. 그러나 모더니즘 이후의 현대시는 시인이 바라보는 풍경과 사물에 대한 감각적 재현으로서 시각적 이미지를 중시하는 경향이 현저하게 나타나게 되었다. 현대 예술 전반에서 언어의 발화의미를 강조하는 청각성을 대신하여 이른바 시각성(visuality)을 표상하는 경향이 자리 잡게 된 것이다. 그렇지만 사물을 바라보는 시선만으로 주체의 사고나 사상을 온전히 표현해내기란 쉽지 않다. 시적 주체가 세계와 대상을 바라보는 '위치'에는 언제나 일정한 사회 역사적인 '인식'이 매개되기 때문이다. 또한 여기에는 시적 주체가 바라보는 특정한 시점이나 방식에 따라 가시적 대상들과 관계 맺음의 태도가 달라지기 마련이다.
 이런 의미에서 우리는 오승철 시를 읽으면서 시인이 세상을 '보는 방식'과 '말하는 방식'은 특별한 관계를 이루고 있음을 주목하게 된다. 오승철의 시를 읽으면서 우리가 무엇보다 주목하게 되는 것은 세상의 풍경을 바라보는 시인의 시선과 그것을 담론으로 옮겨내는 방식이다. 일반적으로 시인들의 시에 나타나는 화자는 대체로 '보는 주체(seeing subject)'와 '말하는 주체(speaking subject)'로 구분되고, 이런 담론 분석의 층위로서 텍스트에 접근하게 되는 경우가 많다. 이를테면 라캉의 주체 개념 가운데에서도 특히 주체는 기본적으로 '말하는 주체'로서 이때 '발화행위(enunciation)의 주체'와 '발화내용(statement)의 주체'로 거세되거나 분열되어 있다. 다시 말해 라캉은 주체를 하나의 기표가 다른 기표에 의해 재현되는 것으로 정의하였고, 이런 관점에서 주체는 시적 언어의 효과에 중요한 영향을 끼치게 된다고 여겼다.

이런 화자론적 접근에 대한 이해는 시인들이 시에 나타나는 담론 주제를 해석하는 데에도 유효하다. 그러나 오승철의 시를 면밀하게 살펴보면, 시의 화자는 '말하는 주체'의 담론으로부터 '보는 주체'의 시각성으로 자유롭게 옮겨가는 특성을 지닌다. 말하자면 오승철의 시 텍스트에 등장하는 '나'는 발화하는 주체인 '말하는 주체'일 뿐만 아니라 동시에 '보는 주체'로서 기억 속의 풍경을 바라보고 재현하는 주체이다. 여기서 문제는 '보는 주체'가 텍스트에 현존하는 방식, 다시 말해 주체를 통하여 그려내는 대상과 재현하는 세계를 바라보는 시각이다. '보는 주체'를 통하여 시인은 고향의 모습을 비롯한 기억 속의 정경을 노래한다. 그의 아름다운 감각과 정서는 고향 사람들과 삶의 모습을 시적 언어를 통해 생생하게 노래하는 것이 된다. 따라서 오승철의 시에서 '보는 주체'와 '말하는 주체' 사이의 거리는 그의 시에서 표상의 방식과 표상의 주제라는 여러 측면에서 다양한 존재론적 모습을 제시하고 해석

할 수 있게 하는 근거가 된다. 말하자면 현대 시에서 우리가 흔히 볼 수 있는 '보는 주체'의 현존성은 대상을 언어로 재현하는 주체의 역할에 그치고 있지만, 오승철의 시에서는 재현하는 주체의 시선을 넘어서 시인에게 포착된 또 다른 '나'를 바라보고자 하는 노력으로 발전하고 있다는 사실이다. 그의 시를 몇 편 살펴보자.

>온종일 발길들도 뜸하디 뜸한 바닷가
>그리운 그 이름마저 뱉지 않고 그냥가리
>자리젓 고린내 같은 고백 한 번 없이 가리

―「오조리 포구」 일부

>온다 간다 말없이
>억새 물결 갔다니
>
>온다 간다 말없이
>장끼마저 갔다니
>
>양지꽃
>등을 끄려나
>저 혼자 남은 오름

―「혼자 우는 오름」 일부

눈발이 펏들펏들
서귀포 동문로타리
시외버스 끊겼지만 국밥은 말고 보자
택시비 그게 문젠가 '비틀' 길을 메고 간다

2022년 12월 23일 오후 7시 25분
이 길이 십 년 후면 나를 기억해 줄까
변변한 시 한 편 없이 찾아온
서귀포 한 쪽

– 「서귀포 한 쪽」 일부

  위의 시 「오조리 포구」는 제주 성산봉 인근의 오조리의 모습을 그려내고 있는 시이다. 오승철 시인은 그 오조리 마을의 저녁을 "달랑게 같은 저녁"으로 묘사하며, 그러한 저녁 속에서 그리움이 "자리젓 고린내 같은 고백"이 되어 찾아온다. 시인에게 통통배, 가을 햇살, 갯메꽃은 모두 그리움의 대상이다. 시인은 황혼으로 물들어가는 오조리를 바라보면서 그리움과 인생의 저녁을 소환한다. 「혼자 우는 오름」에서도 제주오름을 '보는 주체'와 '말하는 주체'로서의 시인의 모습은 하나가 된다. 시인은 억새의 물결과 장끼가 떠난 오름을 바라보면서 시간의 흐름 속에 유한한 인간 삶의 모습을 노래한다. 「서귀포 한 쪽」에서 서귀포 동문 로터리라는 보이는 삶의 '한쪽' 공간은 '2022년 12월 23일 오후 7시 25분'이라는 고정된 시간의 공간으로 변이한다. 한 해의 시간이 기울어가는 서귀포 끝자락의 시 공간 속에서 시인은 삶과 자신의 모습을 새롭게 되돌아본다.

이렇게 오승철 시 텍스트에서 구현되고 있는 '오조리' '오름' '서귀포'와 같은 시각적 이미지들은 모두 그의 시적 제재가 되면서 발화의 상징적 기제가 된다. 오승철의 시는 다양한 시선으로 풍경을 바라본다. 모든 시인의 시선은 곧 세상과 사물을 바라보는 창이지만, 이들이 바라보는 시선이 모두 같은 것은 아니다. 시인의 시선에 포착된 낯익은 삶의 풍경들은 자신의 과거로의 경험에 결속된 것이다. 하지만 현재적 시간에 부상하여 언어적으로 재현되는 순간, 그것은 낯설고 신기한 극적 전환을 이루게 된다. 흡사 이는 풍경으로 포착되는 고향의 다양했던 어린 시절의 순간들이 디테일한 표면을 스치고 지나가면서 언어화하는 관찰자적 시선으로 나타나게 되는 경우와 같다. 여기서 고향 풍경을 바라보는 시선은 더는 내부자의 시선이 아니라 고향 밖을 경험한 외부자의 시선이다. 삶을 스쳐 지나가는 시적 주체의 풍경에 대한 시선의 이동을 통해 시인은 세상과 존재의 모습을 발화하게 된다. 이런 시적 시선의 전환은 오승철의 시에서 다양하게 나타난다.

새섬과 천지연을 이어주는 새연교
그 위에 테우가 있고 그 안에 폭포가 있다

새벽녘 뱃고동 소리 장닭 소리보다 크다

팔십 년 전 사랑이나 오늘날의 사랑이나
'서귀포 칠십리' 물새나 울리는 거
새연교 다리 끝에는 취하지 않는 쐬주가 있다

– 「새연교」 일부

    시인은 "새섬과 천지연을 이어주는 새연교"에서 "팔십 년 전 사랑이나 오늘날의 사랑"을 읽는다. 「새연교」에서 시인은 고향 풍경을 재현하는 데 있어서 상이한 시간과 공간을 병치하면서 마치 그것이 하나의 유기적 전체인 양 그려낸다. 그렇지만 결합과 배열을 통해 하나의 유기적 전체처럼 그려내는 고향 풍경의 디테일들은 공간성과 시간성에 의해 종합한다. 그렇다는 것은 그가 재현하는 고향의 풍경이 단순히 어떤 시간의 단면 속에서 드러나는 실제 풍경이 아니라 비연속적인 순간 속에 놓이는 각각의 풍경의 디테일들을 상상적으로 종합함으로써 이루어졌음을 의미한다.

    오승철의 시에서는 시적 주체와 세상의 모습이 제각각 분리되어 있는 것이 아니라 하나로 통합되어 있다. 특히 제주 서귀포의 향토적 세계를 재현하고 있는 시편들의 경우, 시간적 공간적으로 서로 다른 층위에 놓여 있는 것이 아니라 하나로 유기적 종합을 이룬다. 기억 저편의 과거의 시간 속에서 현재의 삶과 존재의 모습을 길어 올리는 방식을 통해서 시인은 주체의 위치를 선명하게 드러낸다. 이는 바로 '보이는 대상'에 대한 '보는 주체'의 현존성을 잘 드러내 주는 것이다. 그리하여 그의 시편들은 나를 찾아가는 내면 성찰의 시로 발전하게 된다.

3. 잃어버린 고향-나를 찾는 여행

시인이라는 주체가 바라보는 세상과 삶은 곧 자신의 내면을 향해 찾아가는 여행이다. 오승철 시의 시적 주체는 언제나 사물의 질서화나 재현과는 일정한 거리를 두고 있다. 그의 시는 '보는 주체'의 특권화된 시선이나 보는 위치를 전면에 내세우지 않는다. 앞서도 지적했듯이 시인이 그리는 삶의 풍경화는 보는 주체의 '눈'과 일치된 소실점을 중심으로 공간이 재현된다. 이런 투시주의적 시선과 달리, 오승철은 어떤 소실점을 상정하거나 그것을 보는 주체의 절대적인 시선을 상정하지 않는다. 그의 시에서 재현되는 세계의 깊이는 시간적 공간적 원근감이 아니라 다른 시간 속에 놓이는 세상과 대상의 시간적 원근감에 의해 형성된다. 달리 말하면 서로 다른 시간에 속한 사물들을 바라보는 시적 주체의 시선은 사물의 표면에 반사된 이미지의 제시에 머물지 않고 사물의 이미지 너머에 있는 세계와 존재에 대한 근원적 상상으로 채워진다. 그리하여 오승철의 시적 공간은 이미 사라지고 없는 것들의 이미지로 채우면서 그들에 존재론적 상징성을 부여한다.

 오승철의 시에 흔히 등장하는 제주의 들꽃, 꿩, 고추잠자리 등은 모두 그러한 상징적 기제들이다. 이들은 시인에게 삶과 존재와 역사의 근원을 생각게 하는 시적 상관물들이다. 이들로부터 받는 시각적인 인상을 통해 시인은 사물의 이미지를 효과적으로 재현하고 자신의 주관성을 드러낸다. 여기서 사물을 보는 시적 주체는 더 이상 보이는 사물과 대상에 대해 우월성을 갖지 않는다. 시적 주체의 눈은 단지 하나의 풍경을 통하여 존재와 세상을 그려내는 하나의 통로이다. 눈앞의 풍경이 재현되는 순간, 시적 주체는 스스로 자신의 위치를 새롭게 인식하고 그러한 인식은 텍스트에서 표면화된다. 그럼으로써 현상하는 풍경들이 전경화되고 기억의 저편에 숨겨졌던 사물들도 그 이름을 부여받으면서 현존성을 드러낸다.

> 내 귀가 병들었나
> 꿩이 이미 다녀갔다고?
> 내 눈이 병들었나
> 잠자리도 다녀갔다고?
> 분명히 날 찾았을 텐데
> 응답 못 한 이승의 시월
>
> – 「꿩과 고추잠자리를 그만 울리라는 농담에 대하여」 일부

오승철의 시에서 시적 주체는 어떠한 특권화나 권능적 위치를 갖지 않는다. 눈에 비치는 사물들의 모습에 지배와 폭력적 의미를 행사하지 않는다. 그의 시에서는 눈앞의 풍경을 통해 과거의 시간에 묻혀 사라져가고 있는 것들, 그 억압된 것들의 복귀를 시각적 이미지로 그려내고 있다. 주체의 눈앞에서 '꿩'과 '고추잠자리'는 분명히 다녀갔을 테지만, 그에 "응답 못 한 이승"의 시간은 부재하는 것의 현존성에 대한 상징이자 새로운 시간으로의 전환을 위한 시인의 소망이다.

부재에서 존재의 의미를 찾고자 하는 시인의 시적 태도는 여섯 번째 시집 『다 떠난 바다에 경례』에 나타나는 가장 현저한 특성이라고 할 수 있다. 부재하는 유년의 고향이 존재의 근원으로서 텍스트의 중심적 지위를 차지하는 현상은 빈번히 나타난다. 그리하여 그의 작품에서 재현의 대상은 동일한 시간의 지평에 놓여 있고, 그 대상은 모두 주체 외부의 타자로 등장한다. 그는 삶의 다양한 현실의 단편에서 존재를 거듭 언급하고 있거니와, 이는 진정한 자신의 모습을 바라보고자 하는 시선을 의미하는 것이다. 더욱 넓고 깊은 세상을 향한 자기성찰의 시선은 바로 심리학자 칼 융이 말하는 바와 같은 진정한 나의 모습을 찾기 위한 '나를 위한 여행(journey into self)'일 것이다. 그리하여 시인은 새로운 존재론적 의미로 '그리움'을 소환한다.

환부를 도려내듯

그리움만 도려내지

창창한 한 생애를

왜 그대로 내려놨나

"퉁"하면

삶과 그리움이 함께 도는 고스톱판

― 「그리움만 도려내지」 전문

    시인에게 삶과 그리움은 "함께 도는 고스톱판"이 되어 버렸다. 이제 그에게 빛과 어둠, 몸과 영혼, 존재와 부재는 서로 공존하면서 이들이 우리 삶을 구성하고 있는 실체라는 깨달음이 분명하게 드러난다. 시인은 존재의 근원으로서 텍스트의 중심적 지위를 상실하는 경우, 다시 말해 시인이 더 이상 재현되는 세계의 주체가 되지 못할 경우, 자신의 삶은 커다란 균열에 직면하게 될 것이라는 사실을 깨닫게 된다. 그리하여 그의 시에서 부모와 고향의 인륜 질서와 삶의 깊은 의미가 모두 공존적 가치로서 텍스트의 중심적 지위를 차지하게 되는 것이다.

끊어야지 술 담배 끊듯 그렇게 끊어야지
명절 두 번 제사 한 번 그것도 모자라서
해마다 벌초도 두 번 뻔뻔스레 잘도 받네

뼈와 살을 줬기에 그렇다손 치더라도
끊어야지 세상인연 이제 끊고 가야지
가난한 어느 별인들 밥술이나 굶겠느냐

－「섬 벌 초」 일부

망오름 앞뒤로 품은

내 고향과 가족묘지

허랑방탕 꿩 한 마리

산소에 뭣하러 왔나

아버지 어머니 생각

더 못 버텨 내리는 눈

－「2022년 첫 눈」 일부

「섬 벌 초」에서 시인은 "끊어야지 세상인연 이제 끊고 가야지"라고 하고, 「2022년 첫 눈」에서는 "허랑방탕 꿩 한 마리"가 내 고향과 가족묘지에 왜 왔는가고 자책한다. 시인은 그동안의 삶에서 부재한 것과 존재한 것의 의미를 새로운 시선으로 되돌아보면서 자신의 모습을 다시 확인하게 된다. 그러면서 지나온 삶의 여정을 그윽한 눈길로 돌아보면서 "내 지나온 길 모두가 아리랑길 아니던가"하고 노래하게 된다. 「애벌레 풍경소리」「혼자 우는 오름」「꺼져간다 봉분들」에서 보여주듯, 이제 시인의 시선은 풍경의 표면이 아니라 그 너머에 있는 본원적 세계와 자아를 향한다. 이는 시인의 여행이 '나를 찾아가는 여행'이며 그의 성찰적 시선은 이 세상에서 사라져 가는 것들에 대한 그리움과 아쉬움을 바라보고자 하는 노력이다.

　오승철의 시편들은 우리에게 사라진 시간과 그 소중한 삶의 의미를 복원해야 한다는 사실을 상기시킨다. 시인에게서 사라진 것들은 모두 짙은 아쉬움과 그리움으로 남는다. 사라진 것은 자신과 고향만이 아니다. 부모님, 해녀들의 숨비소리, "누대로 섬을 지켜온" 모두가 퇴장하면서 사라져 가고 있다. 시인은 그들에게 거수 경례를 보낸다. 그러면서 "저 텅 빈 바다에 무엇을 바칠 것인가를 생각하다가 그냥 거수경례나 하고 돌아갑니다."(「시인의 말」)고 말한다.

　　둥실둥실 테왁아

둥실둥실 잘 가라
낮전에는 밭으로 낮후제는 바당밭
누대로 섬을 지켜온
그들이 퇴장한다

그만둘 때 지났다고 등 떠밀진 말게나
반도의 해안선 따라
바다 밑은 다 봤다는
불턱의 저 할망들도
한때 상군 아니던가

한 사람만 물질해도 온 식구 살렸는데
어머니 숨비소리
대물림 끊긴 바다
숭고한 제주 바당에 거수경례하고 싶다

- 「다 떠난 바다에 경례」 전부

4. 맺으며

여태 살폈듯이, 오승철의 시에서 풍경의 재현은 바라보는 주체인 시인이 외부 현실을 재현하는 데 그치지 않고 내면에 자리 잡은 나를 위한 '마음속 풍경'을 되비추게 된다. 그는 세상이라는 타자의 풍경 속에서 자신의 마음속 풍경을 발견하고 그것을 성찰의 대상으로 환원하고 있다. 그래서 오승철의 시는 재현을 위해서 '보는 나'와 '말하는 나'가 등가의 의미를 갖는다. 이런 등식을 통해 시적 화자의 성찰적 시선은 곧 화자 자신의 어두운 내면과 쓸쓸한 삶의 풍경을 동시에 바라본다. 그리하여 우리는 오승철의 시집 『다 떠난 바다에 경례』에 나타난 시적 주체의 자기 성찰과 탐색의 담론은 시 텍스트를 부단한 자기 삶을 비추기 위한 내면의 거울 역할을 하는 것이라는 사실을 알게 된다.

오승철의 시는 삶과 인간의 상실과 부재에 대한 그리움과 아쉬움에 괴로워하고 있지만, 그의 시는 상실을 애도하지 않는다. 그의 시에서는 갈수록 짙은 그리움과 외로움의 서정이 짙게 드리워지고 있으나 그는 이러한 감정에 매몰되지 않는다. 그것이 잃어버린 고향이란 낙원이든 사랑하는 사람이든, 그 대상에 프로이트식의 리비도를 투여하지 않고 눈앞에 보이는 풍경을 통하여 존재의 모습을 새롭게 변모시키고자 하는 시도를 한다. 그는 삶과 풍경과 하나 됨의 연기(演技)를 통하여 자신의 존재를 다시 탄생시키고자 하는 것이다. 좋은 작가와 시인일수록 현실의 불연속성을 단절하고 존재와 세상을 새로운 모습으로 환생시키고자 한다. 그가 궁극적으로 바라보고자 하는 것은 외부의 현상이 아니라 바로 진정한 자신의 모습이다. 세상과 현실과 싸우면서도 기실 그들이 싸우고자 하는 것은 시인 자신이다.

오승철은 삶에 드리워진 빛과 어둠의 의미를 자신의 문

학적 지평으로 환치하고자 한다. 이는 곧 세상과 삶에 대한 이해란 다름 아닌 자신에 대한 진정한 존재론적 인식을 이루어야 한다는 의지를 의미하는 것이다. 이러한 각성과 인식을 위한 분투, 이것이 바로 오승철의 시가 내장하고 있는 진정한 문학적 자원이다.

허상문 / 문학평론가. 영남대명예교수. 한국수필 편집위원. 신곡 문학 대상, 한국에세이 평론상 수상. 문학평론집 『오르페우스의 시학』, 『폐허 속의 비평』 수필집 『낙타의 눈물』 외

■ 편집후기

- 코로나 팬데믹 상황에도 불씨처럼 지켜온 시심(詩心)으로 『정드리문학』 11집을 엮는다. 때맞춰 들려온 팬데믹 종식 선언이 그 무엇보다 반갑다.

- '정드리문학' 고문과 명예회원을 위촉하였다. 그분들께 감사의 마음을 담아 '제주 관련 시조' 청탁을 드렸다. 기꺼이 응해주신 분들께 감사드린다.

- '정드리 창에 비친 좋은 시조 10선'은 현대시조의 흐름을 가늠할 수 있는 귀한 시간이다. 회원들이 좋은 작품을 다시 찾아 읽는 시간이기도 하다. 이명숙 회원이 평을 맡는다.

- '시 속의 이야기를 찾아서'란 꼭지를 새로 만들었다. 김영순 시인의 작품 「달과 고래」에 조영자 시인의 산문을 싣는다.

- '풍경을 보는 시선, 나를 찾는 여정(旅程)-오승철의 시 읽기' 허상문 교수의 서평을 싣는다.

─ 『정드리문학』 창간호 『혈관마다 파도친다』부터 10집 『바람의 씨앗』까지 전체 목차를 부록으로 싣는다.

─ 정드리에 좋은 일들이 많았다. 조영자 회원의 첫 시집 『반공일엔 물질 간다』로 제3차 문학나눔 우수도서 선정 그리고 2022년 9월 3일 서귀포 칠십리 시공원에서 서귀포문협 주관 한국시조시인협회 후원으로 오승철 회원의 「서귀포 바다」 시비 제막식을 가졌다. 그리고 여섯 번째 시집 『다 떠난 바다에 경례』를 펴냈다. 회원들의 마음을 모아 축하드린다.

─ 2023년 5월 19일 새벽 6시 30분 오승철 선생님이 세상을 떠나셨습니다. 등단한지 42년 6개월, 암투병 중에도 "눈 감아도 눈을 떠도 시가 둥둥 떠다닌다"며 돌아가시는 날까지 시조 쓰기를 멈추지 않으셨습니다. 선생님은 떠나도 작품은 영원히 남아 빛날 것입니다. 한마음으로 애도하며 추모특집을 엮습니다. 부디 아픔 없는 세상에서 영면하시길 빕니다.

편집위원 조영자 고해자 오은기
편집장 문순자

■ 부 록

『정드리문학』 창간호~10집 총 목차

『정드리문학』 창간호 『혈관마다 파도치다』

■ **책을 내며** _ 김신자
■ **회원작품**
강경훈 _ 별똥별 외 4편
강영란 _ 단풍 외 4편
강태훈 _ 여유 외 4편
강현수 _ 아버지의 가을 외 4편
김신자 _ 아홉굿 마을 1 외 4편
김희운 _ 썰물로 떠난 갯방풍 외 4편
문순자 _ 얼음물고기 외 4편
송인영 _ 새벽길 외 4편
오승철 _ 화입火入 외 4편
이경숙 _ 해바라기 성당 외 4편
임태진 _ 2010 사랑별곡 외 4편
최원정 _ 북소리 외 4편
허은호 _ 유숙 외 4편
■ **집중조명 _ 조영자의 시세계**
조영자 _ 갱년기의 봄 외 9편
체험적 시론 _ 내 DNA 속에는 무엇이…
작품론 _ 바람이 떠밀고 온 그리움의 변주 / 박지현

■ **차 한 잔** _ 김순이 시인과 함께
■ **정드리 창에 비친 21세기 시, 시조**
강현덕 _ 단풍
권갑하 _ 손금을 따라가다
문태준 _ 아침
박권숙 _ 모든 틈은 꽃핀다
박형준 _ 가슴이 환한 고동 외에는
배한봉 _ 새는 언제나 맨발이다
복효근 _ 안개꽃
서숙희 _ 소나무, 구도에 들다
손영희 _ 오래된 정원
유종인 _ 저수지에 빠진 의자
이달균 _ 멸종보고서
이병초 _ 봄밤
이정록 _ 돌아서는 충청도
이종문 _ 그 배를 생각함
정군칠 _ 달의 난간
정용국 _ 몸이 나를 불러놓고
조용미 _ 무거운 옷
채천수 _ 4월
홍성운 _ 방자유기 마을
■ **지역동인 교류**
다층문학동인
김나영 _ 브레지어를 풀고
변종태 _ 바다, 10원 어치
서안나 _ 립스틱의 발달사

한라산문학동인
김병심 _ 애기동백
송상 _ 내일은 달라질 것이라는 믿음을……
양전형 _ 책과 여자
■ 편집후기
■ 주소록

『정드리문학』 제2집 『불끈, 주전자』

■ 머리말 _ 강현수
■ 제1부 회원작품
강경훈 _ 소방수첩 4 외
강영란 _ 흑점 외
강태훈 _ 바람의 길 외
김영순 _ 불을 켜다 외
문순자 _ 기웃대다 외
박숙자 _ 겨울은 따뜻하다 외
송인영 _ 소나기 외
안창흡 _ 추사 외
오승철 _ 가을이 어쨌기에 외
윤행순 _ 간호일지 1 외
이경숙 _ 추상 1 외
이윤희 _ 둥근 배웅 외
이창선 _ 다랑쉬 마을 외
임태진 _ 화재주의보 1 외
조영자 _ 비자나무 외

최원정 _ 하필, 이 가을날 외
허은호 _ 봄을 먹다 외
■ **특집1 집중조명 _ 문순자의 시세계**
문순자 _ 작대기 두 개 외 6편
체험적 시론 _ 이 감 받으라, 이 詩 받으라!
작품론 _ 원형상징으로서의 오름과 바다(박몽구)
■ **차 한 잔** _ 유종인 시인과 함께
■ **특집2 정드리 창에 비친 좋은 시, 시조**
김삼환 _ 갓김치 비빔밥
김세진 _ 불로동 고분군에서
김수우 _ 고독 안녕
김연동 _ 시간의 커튼을 내리고
류인서 _ 달팽이
박명숙 _ 홍련 소식
밧성우 _ 물의 베개
박현덕 _ 낙안에 들다
변종태 _ 엑스트라를 위하여
서연정 _ 감자 이야기
손택수 _ 묵은지 생각
신필영 _ 둥근 집
오종문 _ 가을 억새
우은숙 _ 7번 국도
이덕규 _ 끙개질
장석남 _ 요를 편다
전정희 _ 귀
정수자 _ 슬픈 전설

정일근 _ 붉가시나무의 사랑
진은영 _ 훔쳐가는 노래
최영철 _ 만추, 잎
홍성란 _ 수크령 노래
강현덕 _ 붉은 비가 내린다
■ **작가산책 _ 내 길을 바꾼 한 편의 시** _ 강영란
■ **제2부 지역동인교류**
구좌문학회 _ 황무지에 텃볕을 일구는 마음으로
홍기표 _ 섬에는 바람이 사람보다 끗발이 세다
김창진 _ 간출여
김원정 _ 섬에서
애월문학회 _ 애월, 하고 부르면 명치 끝이 저린 저녁
김종호 _ 가을 민들레
양영길 _ 눈색이꽃
임애월 _ 겨울 태백산
■ **제3부 수상회원 자료 모음**
2010년 중앙시조대상 _ 오승철
2009년 한국시조작품상 _ 문순자
2011년 영주신춘문예 _ 임태진
■ **주소록**
■ **편집후기**

『정드리문학』제3집『붉은발말똥게』

■ **머리말** _ 강현수
■ **제1부 회원작품**

강경훈 _ 사월아이 외

강영란 _ 꽃의 끓는점 외

강태훈 _ 눈 내리는 산천단 외

강현수 _ 소리로 오는 봄 외

김영순 _ 동행 1 외

문순자 _ 왼손도 손이다 외

박숙자 _ 입술 끝에 뜨는 섬 외

송인영 _ 파스 외

신은재 _ 노래 외

안창흡 _ 심방 김윤수 외

오승철 _ 판 외

윤행순 _ 멀거니 외

이경숙 _ 시월, 털리다 외

이윤희 _ 능소화 외

이창선 _ 빈 터 외

조영자 _ 범섬을 따라가다 외

최원정 _ 나도바람꽃 외

허은호 _ 무적, 잔을 올리다 외

■ 특집1 집중조명 _ 강영란 시세계

강영란 _ 단풍 외 6편

작품론 _ 남쪽바다 귀퉁이의 칸나꽃과 밥물냄새 / 배한봉

■ 시인인터뷰 - 시, 즐거운 감옥 / 최영철 시인과 함께

■ 특집2 정드리 창에 비친 좋은 시, 시조

고중석 _ 누나

김강호 _ 향낭

김선희 _ 봄눈에 부쳐

나희덕 _ 식물적인 죽음
문성해 _ 눈사람의 시
문인수 _ 산울림
박기섭 _ 꼭지
박남준 _ 가을 마루에 앉아 하루를 관음하네
박지현 _ 이명
서안나 _ 검은 꼬리 뿔 말
유재영 _ 가랑잎 판화
윤금초 _ 능소야, 능소
이정록 _ 짐
이정환 _ 공은 늘 멀리 달아난다
이지엽 _ 알
이진수 _ 표교목
이태순 _ 복사골행
정경화 _ 브라우스 한 벌
정끝별 _ 불선여정
홍성운 _ 꽃의 변주

■ **제2부 지역동인 교류**

진천문학회 _ 섬, 내륙의 중심에 서다 / 송인영
노영임 _ 봄 숲, 물살 헤치다
고복연 _ 봄이 오면
이난숙 _ 어머니의 분꽃
최미향 _ 유혹, 펄럭이다

■ **주소록**
■ **편집후기**

『정드리문학』 제4집 『노을에 놓다』

■ **머리말** _ 송인영
■ **제1부 회원작품**
강경훈 _ 노을에 놓다 외 2편
강영란 _ 마당에 나무 한 그루 외 4편
강태훈 _ 꽃을 마음으로 보라 외 4편
강현수 _ 벌통생각 3 외 2편
김영순 _ 신전 외 4편
문순자 _ 친정바다 7 외 4편
송인영 _ 이장 외 4편
신은재 _ 일탈의 꿈 외 1편
안창흡 _ 차귀도 2 외 4편
오승철 _ 행기머체 외 4편
윤행순 _ 왼손잡이 외 1편
이경숙 _ 주상절리 외 4편
이윤희 _ 단호박 외 2편
임태진 _ 그리움을 닦다 외 4편
조영자 _ 개망초 외 1편
조호연 _ 백약이오름의 한 때 외 2편
최원정 _ 조팝꽃 외 2편
허은호 _ 썩은 섬, 저 소나무 외 2편
■ **특집1 집중조명** _ 이경숙 시세계
이경숙 _ 그 숲이 수상하다 외 9편
작품론 _ 제주 자연에서 건진 비의 / 박몽구
■ **시인 인터뷰** _ 시, 언어의 예물 / 박형준 시인과 함께

■ 특집 2 정드리 창에 비친 좋은 시, 좋은 시조

고영민 _ 모란꽃 그림
공광규 _ 붉은 치마
권영희 _ 아흔셋 소녀
권현형 _ 바닥에 관한 성찰
김병호 _ 하루종일 노랑
김성규 _ 강
김영란 _ 하늘가 노란 쪽배
김일연 _ 건봉사 개
나혜경 _ 스발바르국제종자저장소
민병도 _ 포클레인이 있는 풍경
박성민 _ 인기척
박후기 _ 휴일 근무 수당
변종태 _ 물고기의 호흡법
서숙희 _ 두개골은 웃는다
유지소 _ 낮달
이달균 _ 늙은 사자
이송희 _ 모래의 시간
임성구 _ 순천만 서정
정해송 _ 지도를 그리다가
차주일 _ 마침표는 유정란이다

■ 제2부 지역동인 교류_다층 / 한라산문학동인

강 수 _ 백두산 가는 길
김나영 _ 모과나무 그늘 아래
박현솔 _ 우주의 시간
강홍탁 _ 감

김정희 _ 폐업
김혜승 _ 손
■ **제3부 수상회원 특집**
조영자 _ 범섬을 따라가다 외
김영순 _ 쌀점
임태진 _ 딱다구리 어머니
■ **주소록**
■ **편집후기**

『정드리문학』 제5집 『몹쓸짓』

■ **머리말** _ 송인영
■ **사진으로 읽는 시, 시로 읽는 사진**
■ **제1부 회원작품**
강영란 _ 몹쓸짓 외 4편
강태훈 _ 멀구슬나무에게 그리움을 묻다 외 4편
김영순 _ 갑마장길 1 외 4편
문순자 _ 앞니빨 하나 1 외 4편
송인영 _ 무릇꽃 베다 외 4편
안창흡 _ 차귀도 4 외 4편
오승철 _ 한가을 외 4편
윤행순 _ 고추잠자리 외 2편
이경숙 _ 추상 1 외 4편
이명숙 _ 어머니의 소실점 외 4편
임태진 _ 어떤 광고 외 4편
장영심 _ 아버지의 등 외 2편

조영자 _ 그 남자, 아날로그 외 4편

조호연 _ 국화 향 외 4편

최원정 _ 시작詩作 외 4편

허은호 _ 무당벌레와 웃다 외 4편

■ **집중조명_ 임태진 시세계**

화재부의보 1 외 6편

자전적 시론 / 세상과 화해하며 떠나는 끝없는 삶의 여정

작품론 _ 아픔을 감싸 안는 분노와 소망의 변증법 / 박현덕

■ **시인인터뷰 _ 시, 그 무구無垢의 아름다움 / 배한봉 시인과 함께**

■ **특집 정드리 창에 비친 좋은 시, 시조**

강영은 _ 저녁과의 연애

김동인 _ 적려유허비謫廬幽墟碑

김복근 _ 마철저의 바늘

나기철 _ 맑은 물

맹문재 _ 사과를 내밀다

문인수 _ 그립다는 말의 긴 팔

박권숙 _ 배추밭

박기섭 _ 角北

박완호 _ 나이테

반칠환 _ 지퍼와 단추

배우식 _ 화사한 어둠

변현상 _ 아까운 걸작

선안영 _ 응시凝視

이교상 _ 독서

이승은 _ 풍경 2013

이홍섭 _ 일반 4호실

장영춘 _ 새별오름의 봄
정일근 _ 치타슬로
조용미 _ 저녁의 창문들
함순례 _ 배꽃 송가
■ 제2부 지역동인 교류
구좌문학회 / 다층 / 애월문학회 / 한라산문학회
김원정 _ 꿈꾸는 카사비안카
홍기표 _ 직선의 길에도 봄이 있을까
변종태 _ 초록섬
서안나 _ 용두암
변성언 _ 낫 한 자루
홍성운 _ 흑룡만리
부정일 _ 선장
정순자 _ 빠야따스
■ 편집후기

『정드리문학』 제6집 『꽃귀띔』

■ 머리말 _ 김영순
■ 사진으로 읽는 시, 시로 읽는 사진
■ 제1부 회원작품
강영란 _ 쌀뜨물이 가라앉는 동안 외 4편
강태훈 _ 갑마장 가는 길 외 4편
강현수 _ 소리로 오는 봄 오 4편
김영순 _ 꽃과 장물아비 외 4편
문순자 _ 박달나무 꽃피다 외 4편

송인영 _ 봄날에게 외 4편
안창흡 _ 어시장 외 4편
오승철 _ 몸국 외 4편
윤행순 _ 가을에는 외 4편
이경숙 _ 연분홍 목소리 외 4편
이명숙 _ 이별은 봄에 하자 외 4편
임태진 _ 화재주의보 7 외 4편
장영심 _ 외갓집 외 4편
조영자 _ 팽나무 사설 외 4편
조호연 _ 성읍 자귀나무 외 4편
최원정 _ 못 다한 말 외 4편

■ **회원특집 _ 안창흡 시인**
■ **시인인터뷰 _ 시(詩), 끝없는 주술 / 서안나 시인과 함께**
■ **정드리 창에 비친 좋은 시, 시조**

강경화 _ 울컥 만나다
권정일 _ 동충하초
김광렬 _ 고기국숫집에서
김영남 _ 봉숭아
김완하 _ 절정
김왕노 _ 고려엉겅퀴
마경덕 _ 놀란흙
박시교 _ 부석사 가는 길에
박연옥 _ 바다에 물린 남해
박이화 _ 밀랍눈물
서정택 _ 벚꽃의 국적
이선영 _ 지구의 뚜껑

이종문 _ 나의 이력서
전정희 _ 포구의 아침
정희경 _ 늙은 집
최오균 _ 우두커니
한희정 _ 섬 산수국
허형만 _ 고요가 고요를 이끌 때
홍성란 _ 물억새의 노래
황학주 _ 감자꽃 따기
■ **제2부 지역동인 교류 _ 섬돌문학회**
강대영 _ 소원 빌기
김문정 _ 꽃무릇처럼
한경희 _ 눈 내리는 밤
오상철 _ 검은여의 눈물
정윤창 _ 술값은 네가 내라
백명희 _ 휴대전화
강주호 _ 西歸浦 敍情 21-소남머리
정의영 _ 너는 어디로 간 거니
최정태 _ 하늘타리
■ **편집후기**

『정드리문학』 제7집 『장미고집』

■ **머리말** _ 양시연
■ **회원작품**
강현수 _ 벌통생각 1 외 3편
고해자 _ 부추꽃 외 4편

김신자 _ 숭 외 4편

김양희 _ 보아뱀 외 4편

김영순 _ 아크릴사 수세미 외 4편

문순자 _ 우도땅공 외 4편

양시연 _ 트랙터 외 4편

오승철 _ 낙장불입 2 외 4편

오창래 _ 돌고래 떼 외 4편

윤행순 _ 어떤 고지서 외 4편

이명숙 _ 연화감 이야기 외 4편

장영심 _ 장미고집 외 4편

조영자 _ 노을 한 채 외 2편

■ **정드리 소시집 _ 김신자**

아홉굿 마을 1 외 4편

자전적 시론 _ 내 안에 출렁이는 뜨거운 온도

소시집 평론 _ 시조로 소환하는 당신들의 이름 / 변종태

■ **시인 인터뷰 _ 이정환 시인을 만나다 / 김영순**

■ **정드리 창에 비친 좋은 시조**

김수환 _ 서부湯

김영주 _ 먼 이름

김진숙 _ 가을이 가을에게

박명숙 _ 신발이거나 아니거나

서숙희 _ 그 섬의 선인장

우은숙 _ 바람의 깃발

이두의 _ 적폐積幣

이승은 _ 꽃돌에 숨어

이태순 _ 정거장에서

정희경 _ 씨앗호떡
■ **2018 등단회원**
고해자 _ 바람의 법문 외
윤행순 _ 토끼섬 외
김양희 _ 나무야 외
■ **편집후기**

『**정드리문학**』 제8집 『**손말**』

■ **머리말** _ 강현수
■ **회원작품**
강현수 _ 동정洞政의 동정動靜 외 4편
고해자 _ 까레이스끼 외 4편
김신자 _ 섬백리향 카톡카톡 외 4편
김양희 _ 분재 외 4편
김영순 _ 햇감자 외 4편
문순자 _ 향일암 동백 외 4편
안창흡 _ 차귀도 1 외 2편
양상보 _ 월정리 돌담 외 4편
양시연 _ "사랑해" 외 4편
오승철 _ 애월 외 4편
오창래 _ 자다가 외 4편
윤행순 _ 간호일지 4 외 4편
이명숙 _ 11월 외 4편
장영심 _ 바람 그물 외 4편
장재원 _ 수산봉이 나를 불러 외 4편

조영자 _ 바다, 그 지랄 같은 외 4편

■ **정드리 소시집 _ 장영심**

어느 아침 외 4편

자전적 시론 / 고단한 어머니의 삶을 거부한 그녀,…

장영심론 / 바닥나던 밤을 건너온 허기진 세월 / 이정환

■ **시인 인터뷰 _ 정인수의 삶과 문학 / 조영자**

■ **정드리 창에 비친 좋은 시조 10선**

발가락 낙관 _ 김영숙

견고한 잠 _ 김진희

칠칠七七 _ 박성민

'바게뜨'라는 이름의 그대 _ 송인영

철새는 날아가고 _ 양희영

9회 말 투아웃 24 만루 _ 용창선

돌의 맥박 _ 우은숙

붉은 오름 _ 이숙경

사막풀 _ 정수자

눈물도 늙어 _ 정옥선

■ **백수 정완영 선생 탄생 100주년 기획 / 제주사랑 제주시조**

- "말은 짧되 뜻은 길고, 속은 뜨겁되…" / 이승은

■ **2019 등단회원 특집 _ 양시연**

당선작 _ 치자꽃 능선 외 4편

당선소감 _ 서두르지 않고 천천히 시인의 길을 향하여

심사평 _ 삶의 진정성과 서늘한 직관 / 이승은

심사평 _ 삶의 육화와 삶의 의미를 심화하는 시 / 이정환

■ **수상자료 모음**

김양희 / 절망을 뜯어내다(제1회 정음시조문학상)

문순자 / 어쩌다 맑음(제4회 노산시조문학상)
오승철 / 오키나와의 화살표(제19회 고산문학대상)
■ '정드리' 걸어온 길
■ 편집후기

『정드리문학』 제9집 『내게도 한 방은 있다』

■ 머리말 _ 양시연
■ 시인 인터뷰 _ 박기섭 시인을 만나다 / 김영순
■ 회원작품
오승철 _ 축하, 받다 외 4편
문순자 _ 두말치물 외 4편
조영자 _ 반공일엔 물질 간다 외 4편
김신자 _ 짜장면 외 4편
강현수 _ 벌통생각 7 외 2편
김영순 _ 하늘 경전 외 4편
이명숙 _ 모르핀 그 아름다운 중독 외 4편
김양희 _ 신흥사 참새 외 4편
오창래 – 松 분재 외 4편
고해자 _ 호박 한 덩이 외 4편
윤행순 _ 꽃무릇 외 4편예덕나무 외 4편
양시연 _ 오늘은 꼭 사야 외 4편
양상보 _ 예덕나무 외 1편
장재원 _ 2020 자화상 외 4편
오은기 _ 남극노인성 외 2편
이미순 _ 튜브배꼽 외 4편

■ **등단회원 특집 _ 양상보**
불, 쉬다 외 2편
당선소감 _ 문섬과의 약속 하나 / 양상보
심사평 _ 탄탄한 구성과 완결의 미학 / 이승은
심사평 _ 깊고 진중한 이야기 밥상 / 정용국
■ **고해자의 제주어 산책**
– 영 골믄 알카마씸?
■ **정드리 창에 비친 좋은 시조 10선**
골목 책방 _ 김연미
백년의 유품 _ 김일연
달 _ 두마리아
돌을 읽다 _ 민병도
가면무도회 _ 우은숙
찔레 _ 이승은
초록 _ 이정환
별을 보며 _ 임영석
화살나무 _ 정희경
붉은머리오목눈이 _ 최영효
■ **POET & COUNTRY - 오승철 시인**
스물넷, 그 짙푸른 詩의 근원–위미리 / 조영자
■ **편집후기**

『정드리문학』 제10집 『바람의 씨앗』

■ **머리말** _ 양시연
■ **시인인터뷰** _ 정수자 시인을 만나다 / 김영순

■ **회원작품**

오승철 _ 떡버들 벙그는 날 외 4편
문순자 _ 경의선 숲길 외 4편
조영자 _ 강정, 그 이후 외 4편
강현수 _ 어머니의 가을 외 4편
김영순 _ 소리를 보다 외 4편
안창흡 _ 구름이 하늘 더러 1 외 4편
이명숙 _ 너란 봄 외 4편
김양희 _ 묘미 외 4편
오창래 _ 섬에서 섬을 보다
고해자 _ 세종호수 징검돌 외 4편
윤행순 _ 내일은 외 4편
양시연 _ 손지오름 양지꽃 외 4편
오순금 _ 하필이면 외 4편
오은기 _ 가시리 외 4편
이미순 _ 무싱거? 외 4편
장재원 _ 산방산 외 2편

■ **등단회원 특집**

오순금 _ 제주 돌담
심사평 / 비유의 참신함과 현대시조의 가능성
당선소감 / 사람 냄새 나는 시조를 쓰고 싶다
오은기 _ 뽁
심사평 / 절실한 토속의 정한
당선소감 / 매일 제 자신에게
이미순 _ 세천포구
심사평 / 현대시조 일상의 자잘한 아픔과 소망을 담는 그릇

■ **poet & country _ 문순자 시인**

시의 마중물, 그 DNA를 물려받은 구엄바다 / 조영자

■ **고해자의 제주어 산책**

고해자의 제주어 산책–영 골믄 알카마씸?

시어로 쓰기 좋은 제주어 부사 30개

■ **시인이 쓴 시조**

오세영 _ 새해

김우영 _ 행지상사行支相寺

이은봉 _ 잘 마른 장작개비

■ **정드리 창에 비친 좋은 시조 10선**

박기섭 _ 워낭소리

김숙희 _ 햄릿증후근

김강호 _ 시 굽는 마을

손영희 _ 고비, 사막

신춘희 _ 한참을, 울었다

이숙경 _ 외달도

이태순 _ 만선

류미야 _ 골목

최재남 _ 지평선

김미영 _ 기러기 통신

좋은 시조 10선 평 _ 빛망이 풀리는 순간 아날로그로 오는 봄 / 이명숙

■ **'정드리 창에 비친 좋은 시조' 리뷰**

이승은 _ 찔레

리뷰 평 _ 실존의 감각이 환치된 심리적 감각 / 우은숙

■ **정지용의 시조**

이정환 _ 정지용의 시조 「아음의 日記」

■ **동시조**
김양희 _ 비밀이잖아
김영란 _ 겨울산
김영기 _ 까치와 팽나무
김옥자 _ 해바라기 정거장
김정애 _ 시계소리
김진숙 _ 비의 이름
양순진 _ 우주정거장
이경숙 _ 아기의 하루는
정 희 _ 아기염소
■ 『**탐라기행한라산**』
문순자 _ 1930년대 노산의 눈에 비친 제주
■ **수상회원 특집**
김양희 _ 그 겨울의 뿔(중앙시조대상 신인상 수상작)
■ **편집후기**